Tortugas terrestres

sanas y felices

> Autor: Hartmut Wilke | Fotos: Christine Steimer

Indice

Un hogar confortable

Sanas y en forma

Conozca a las tortugas

Mantenimiento

Apéndices

HISPANO
EUROPEA

Un hogar confortable

Una buena elección

Las tortugas son animales que desde hace miles de años son muy respetados en muchas culturas, por lo que nuestra civilización occidental actual no es ni la primera ni la única en interesarse por estos animales. En algunas regiones de Asia se las respeta y se las venera como parte de la naturaleza viviente.

Son muy raros los casos en los que se relacione a las tortugas con algo negativo: en China, por ejemplo, definir a una persona como un «huevo de tortuga» significa que es alguien que no vale nada y que es de origen incierto.

Origen

Por su aspecto externo, podría creerse que las tortugas son animales muy robustos y capaces de resistirlo todo. Pero eso no es así. Sin embargo, a lo largo de su evolución, las tortugas han tenido que superar muchos escollos y adaptarse a muchos cambios, mientras que otros animales con los que llegaron a convivir, desde dinosaurios hasta tigres con dientes de sable, fueron sucumbiendo progresivamente y acabaron por extinguirse.

Existen tortugas desde hace más de 250 millones de años, por lo que pueden considerarse, con pleno derecho, como una de las especies más antiguas del Reino Animal. Si nos basamos en los datos del hombre de Pekín, el ser humano apenas hace 400.000 años que existe como tal.

Hábitat

Actualmente existen más de 200 especies de tortugas y se han adaptado a una gran diversidad de hábitats repartidos por las regiones tropicales, subtropicales y templadas del globo. Las encontramos en tierra firme, en pantanos, ríos y lagos, en marismas y en el mar. Hay tortugas que viven en las rápidas aguas de los ríos de montaña de las regiones tropicales, que se entierran en el fango de las charcas y pantanos, y que colonizan estepas y desiertos, cuyo calor y sequía

> *Esto es algo que les encanta a todas las tortugas terrestres: tomar el sol cerca de un refugio en el que se siente segura.*

solamente tolera la tortuga rusa (ver pág. 11) a base de excavar unas largas galerías en las que vive una fase de «reposo estival», que es un letargo similar al de la hibernación.

Las tortugas viven principalmente en lugares en los que no les falta el sol, es decir, las regiones tropicales y subtropicales de la Tierra. Aunque también hay algunas especies que se han adaptado a las condiciones climáticas de Europa y América del Norte. Esta adaptación sólo pudieron conseguirla mediante la hibernación (ver pág. 40).

Las regiones más ricas en tortugas son América del Norte y Centroamérica, en donde viven un gran número de especies acuáticas y palustres.

El caparazón

Las tortugas primitivas tenían las placas córneas de su caparazón provistas de prolongaciones espinosas, y no podían retraer las cuatro patas en el interior de éste. Tenían la cabeza y la cola, al igual que el resto del cuerpo, protegidas por prolongaciones espinosas. A lo largo de su evolución, el caparazón ha sufrido muchas modificaciones, hasta llegar incluso a las tortugas blandas, cuyo cuerpo no está pro-

¿Serán las tortugas unas buenas mascotas para usted?	Si	No
1. ¿Está dispuesto a cuidar a su tortuga de acuerdo con las necesidades propias de su especie?	☐	☐
2. ¿Dispone de un jardín, balcón o terraza en el que pueda mantenerlas durante el verano?	☐	☐
3. ¿Puede instalar el terrario en un lugar que no esté expuesto a las corrientes de aire, a los humos y a los ruidos?	☐	☐
4. ¿Está dispuesto a afrontar los gastos de veterinario?	☐	☐
5. ¿Tiene otros animales domésticos en casa? Asegúrese de que no sean incompatibles.	☐	☐
6. ¿Tiene un sótano en el que pueda mantener a las tortugas durante la hibernación?	☐	☐
7. ¿Conoce a alguien que pueda hacerse cargo de su tortuga si usted se va de viaje o se pone enfermo?	☐	☐
8. Los alimentos de calidad son caros. Prepararlos uno mismo requiere tiempo. ¿Dispone de él?	☐	☐

Si ha contestado afirmativamente a todas las preguntas, las tortugas son las mascotas ideales para usted. Si ha contestado negativamente a dos o más preguntas, medite si no le convendría más otro tipo de mascota.

tegido por un caparazón óseo sino por una piel resistente y elástica.

En unas tortugas africanas, el caparazón se ha reducido tanto que es elástico como la uña de un dedo. Estas tortugas se protegen a base de anclarse en las grietas de las rocas de la sabana africana, quedando así a salvo de sus predadores.

Otras tortugas tienen el caparazón provisto de articulaciones o charnelas que les permiten cerrar completamente su «casa» después de retraer la cabeza y las extremidades (ver tortugas de caja, pág. 11).

Ha de ser una tortuga

La tortuga es un maravilloso ejemplo de la adaptabilidad y la capacidad de supervivencia. Pero usted, como persona responsable, seguro que deseará proporcionarle una existencia

en la que no tenga que estar luchando constantemente por sobrevivir. Por esto, antes de comprarla se habrá informado a fondo acerca de las necesidades de la tortuga y se habrá asegurado (mediante el test de la pág. 7) de que realmente es una mascota que se adapta a sus condiciones.

Ventaja de las tortugas: Las tortugas al menos tienen un

que no provoca ninguna reacción alérgica en las personas. Y por el momento no se ha podido comprobar científicamente que las tortugas puedan transmitir ninguna enfermedad al hombre. Ni siquiera los parásitos intestinales de las tortugas pueden sobrevivir en el intestino humano. Y en sentido inverso sucede lo mismo, ya que las enfermedades del hombre y de los demás mamíferos tampoco son trasmisibles a las tortugas.

¿Adulta o joven?

Existen muchas tortugas adultas que buscan un nuevo hogar. Sin embargo, tenga en cuenta que si presenta alguna malformación del caparazón será imposible corregirla y que para cambiar los hábitos alimenticios erróneos hay que armarse de paciencia. Pero tie-

nen la ventaja de que los sexos son fáciles de diferenciar (ver página de la derecha).

Por otra parte, los ejemplares juveniles necesitan una alimentación equilibrada y hay que cuidarlos muy bien para evitar que contraigan malformaciones o enfermedades crónicas. Los sexos son difíciles de diferenciar.

La edad de las tortugas no puede medirse contando los «anillos de crecimiento» de los escudos del caparazón, ya que éstos solamente indican sus periodos de crecimiento. Al cabo de tres años la tortuga alcanza un tercio de su tamaño final, y al cabo de tres años más habrá crecido otro tercio (ver descripciones de especies, páginas 10-13). En muchas especies de tortugas de tierra, los juveniles solamente tienen cuatro dedos en las extremi-

> *Diferencia de tamaños entre un juvenil y un adulto de la misma especie.*

punto a su favor. Si usted es alérgico a los gatos, a los hamsters o a los pájaros, entonces la tortuga va a ser su mascota ideal. Es un animal

¿Macho o hembra?

Si no sabe qué decidir, juégueselo a cara o cruz.

➤ Si va a mantener un sólo ejemplar en el terrario, es igual que sea un macho o una hembra. Excepto durante la época del apareamiento, su comportamiento es prácticamente el mismo.

➤ Si mantiene una hembra, más adelante deberá proporcionarle un lugar en el que pueda desovar (ver pág. 32), ya que pondrá huevos aunque éstos no estén fecundados.

▷ 1 Hembra

La cola de la hembra es más corta y tiene la base notablemente más ancha. La abertura cloacal está situada más cerca de la base de la cola y el plastrón no tiene forma cóncava, sino que es plano. Las hembras también suelen excavar con las patas traseras, ya que así es como excavan el hoyo en el que depositan los huevos.

▷ 2 Macho

En un macho semiadulto observaremos que tiene la cola más larga y delgada que la de la hembra. Su abertura cloacal está más desplazada hacia el extremo de la cola y el plastrón está hundido hacia dentro. Si los machos en celo no tienen ninguna hembra a su alcance es frecuente que intenten montar una piedra o incluso un zapato.

dades anteriores. El quinto aparecerá al cabo de tres a cinco años (excepción: la tortuga rusa, ver pág. 11).

¿Grande o pequeña?

Sea cuál sea la especie por la que se decida, procure evitar mantener juntos los ejemplares juveniles con los adultos. La diferencia de tamaño y peso hace que los animales más pequeños puedan sufrir lesiones con bastante facilidad. Especialmente si a la hora de comer se acercan demasiado a los afilados picos de los adultos. Esto se debe a que las tortugas ven bastante mal de cerca (ver pág. 26).

Cuidado con las especies protegidas

Muchas especies de tortugas están protegidas por el Convenio de Washington para la protección de las especies amenazadas, y esto es algo que hay que tener muy en cuenta a la hora de la compra (ver pág. 22). En Europa y en España existe una legislación muy estricta por lo que respecta a las especies del área mediterránea, llegándose al extremo de que en Cataluña está prohibido el comercio de *Testudo hermanni*, e incluso poseer ejemplares de esta especie.

➤ Si se poseen ejemplares de especies protegidas deberán estar debidamente documentados y marcados mediante microchip (cuando su peso sea superior a los 500 gramos).

➤ En caso de duda, lea revistas especializadas, consulte en una tienda de reptiles de confianza o participe en alguno de los numerosos foros de Internet especializados en tortugas.

Tortuga de Hermann

Testudo hermanni

Talla: Hasta 20 cm.

Distribución: Regiones del sur de Europa desde España hasta Turquía, pasando por los Balcanes y la cuenca del Danubio.

Hábitat natural: Zonas despejadas, esteparias o de matorral, con rocas y vegetación escasa; mucho sol y sombras poco densas. Se oculta bajo tierra.

Mantenimiento: Terrario o instalación al aire libre; necesita una temperatura media del aire de 18 °C (nocturna) hasta 26 °C (diurna). En las instalaciones al aire libre, si es necesario, se pueden colocar fuentes de calor puntuales (ver pág. 16). En las regiones frías es necesario mantenerla en terrarios en primavera y en otoño, en las regiones cálidas puede vivir al aire libre durante todo el año.

Comportamiento: Le gusta trepar y excavar. Si se la cuida correctamente vive muchos años.

Alimentación: Diente de león, hojas verdes, hierbas silvestres, lechuga, fruta, en otoño también heno (no olvidarse de ponerles agua).

Tortuga marginada

Testudo marginata

Talla: Más de 30 cm.

Distribución: Sur de Grecia, algunas islas griegas y Cerdeña (introducida).

Hábitat natural: Laderas soleadas con densa vegetación de matorrales y plantas herbáceas a través de las cuales traza estrechos senderos.

Mantenimiento: Terrario o instalación al aire libre; necesita una temperatura media del aire de 18 °C (nocturna) a 26 °C (diurna). En las instalaciones al aire libre se pueden instalar fuentes de calor puntuales (ver pág. 16). En las regiones frías es necesario mantenerla en terrario en primavera y en otoño. En las regiones cálidas puede vivir al aire durante todo el año.

Comportamiento: Le gusta trepar y excavar. Si se la cuida correctamente vive muchos años.

Alimentación: Diente de león, hojas verdes, plantas silvestres, fruta, en otoño también heno (no olvidarse de ponerle agua).

Peculiaridades: Puede cruzarse con la tortuga de Hermann, pero hay que evitar esta hibridación a toda costa.

Tortuga mora

Testudo graeca

Talla: Más de 30 cm.

Distribución: Sur de Europa, Irán, Egipto, Libia y Marruecos. Existen cinco subespecies.

Hábitat natural: Regiones despejadas y esteparias; mucho sol y sombras poso densas. Se oculta bajo tierra.

Mantenimiento: Terrario o instalación al aire libre, necesita una temperatura media del aire de 18 °C (nocturna) a 26 °C (diurna). En las instalaciones al aire libre se pueden instalar fuentes de luz puntuales (ver pág. 16). En las regiones frías es necesario mantenerla en terrario en primavera y en otoño, en las regiones cálidas puede vivir al aire libre durante todo el año.

Comportamiento: Le gusta trepar y excavar Si se la cuida bien vive muchos años.

Alimentación: Diente de león, hojas verdes, plantas silvestres, fruta, en otoño también heno (no olvidarse de ponerle agua).

Peculiaridades: Según su procedencia es posible que no hiberne o que necesite un periodo de reposo estival (ver pág. 43).

Tortuga rusa
(Russische Landschildkröte)
Testudo horsfieldii

Talla: Hasta 20 cm.
Distribución: Al este del mar Caspio, desde Irán hasta Pakistán.
Hábitat natural: Terrenos despejados y secos, cársticos, de suelos arenosos o limosos. Se esconde en madrigueras; necesita mucho sol.
Mantenimiento: Terrario e instalación al aire libre; necesita una temperatura ambiental media de 18 °C (nocturna) a 26 °C (diurna). En las regiones cálidas puede vivir al aire libre durante todo el año. Vive bien en terrario.
Comportamiento: Le gusta trepar y excavar (ver pág. 54). Si se la cuida bien vive muchos años.
Alimentación: Hojas, hierbas, diente de león, en otoño también heno (no olvidarse de ponerle agua).
Peculiaridades: Puede necesitar un periodo de reposo estival (ver pág. 43) Tiene cuatro dedos tanto en las extremidades anteriores como en las posteriores.

Tortuga de caja ornamentada
Terrapene ornata

Talla: Hasta 15 cm.
Distribución: Estados Unidos, entre los afluentes occidentales del Mississippi, ausente en las zonas montañosas.
Hábitat natural: Praderas, zonas con suelos arenosos y matorrales cercanos a los ríos. Se esconde en madrigueras.
Mantenimiento: Terrarios e instalaciones al aire libre; necesita una temperatura ambiental media de 18 °C (nocturna) a 28 °C (diurna). Durante los meses cálidos del año puede mantenerse al aire libre y también en terrario.
Comportamiento: Durante el día se oculta en madrigueras.
Alimentación: Carnívora, también consume caracoles, hierbas y setas.
Peculiaridades: La charnela transversal de su plastrón le permite «encerrarse» en su caparazón. Los machos tienen el iris del ojo de color marrón rojizo, el de la hembra es blanco amarillento.

Tortuga de caja
Terrapene carolina

Talla: De 10 a 20 cm según las subespecies.
Distribución: Estados Unidos, excepto las regiones del oeste.
Hábitat natural: Bosques húmedos y praderas.
Mantenimiento: Terrarios e instalaciones al aire libre; necesita una temperatura ambiental de 18 °C (nocturna) a 28 °C (diurna). Durante los meses cálidos del año puede vivir bien al aire libre. Después en terrario. Es de costumbres crepusculares.
Comportamiento: Durante el día se esconde en madrigueras.
Alimentación: Carnívora, también consume caracoles, hierbas y setas.
Peculiaridades: Las tortugas de caja solamente son aptas para cuidadores con una cierta experiencia. Hay que evitar los cruzamientos entre distintas especies y subespecies.

§ *especie protegida*   ✳ *hiberna*   ☼ *diurna*   ⬓ *crepuscular*

Tortuga de dorso articulado con borde liso

Kinixys belliana

Talla: 20 cm.
Distribución: Centro y sur de África, Madagascar.
Hábitat natural: Regiones esteparias con suelos arenosos o de gravilla, zonas secas con hierbas y matorrales.
Mantenimiento: Terrario e instalación al aire libre; temperatura ambiental de 20 °C (nocturna) a 30 °C (diurna). Al aire libre solamente en verano y con buen tiempo. Los días nublados o frescos es mejor tenerla en terrario.
Alimentación: Hierbas, plantas silvestres, fruta.
Peculiaridades: Posee una charnela en el tercio posterior del caparazón que le permite cerrarlo por detrás. Según su procedencia puede necesitar un periodo de reposo invernal; lo demuestra mediante un comportamiento característico (ver pág. 40).

Tortuga de dorso articulado

Kinixys homeana

Talla: 20 cm.
Distribución: África occidental.
Hábitat natural: Bosques tropicales húmedos con el suelo cubierto de humus y hojarasca.
Mantenimiento: Terrario con clima tropical, temperatura ambiental de 24 °C (nocturna) a 30 °C (diurna), humedad relativa del aire superior al 90 %. El suelo no ha de enmohecerse. El aire deberá oler a tierra húmeda y fresca, por lo que es necesario contar con una buena ventilación. Ofrézcale al animal un rincón bien húmedo en el que pueda esconderse.
Comportamiento: Le gusta bañarse.
Alimentación: Plantas tiernas, hojas, fruta, insectos, lombrices de tierra, caracoles.
Peculiaridades: Su charnela dorsal le permite cerrar la parte posterior del caparazón.

Tortuga estrellada de la India

Testudo elegans

Talla: Hasta 25 cm.
Distribución: Centro y sur de India, Sri Lanka, Pakistán.
Hábitat natural: Sabanas y llanuras con plantas herbáceas y bosques poco densos situados entre montañas o colinas.
Mantenimiento: Terrario con clima tropical o subtropical, temperatura ambiental de 22 °C (nocturna) a 26 °C (diurna). Conectar durante 5-6 horas diarias una lámpara de spot que caliente una zona del terrario hasta 36 °C. Es posible mantenerla al aire libre durante el verano. Le gusta que se le pulverice agua descalcificada.
Alimentación: Hierbas, plantas silvestres, verduras, hortalizas, fruta.
Peculiaridades: Ocasionalmente puede necesitar un periodo de reposo estival durante el que los animales no comen y solamente «duermen».

 especie protegida   *hiberna*   *diurna*   *crepuscular*

Tortuga de dorso articulado y borde espinoso

Kinixys erosa

Talla: Hasta 30 cm.
Distribución: África occidental
Hábitat natural: Bosques tropicales húmedos con el suelo cubierto de humus y hojarasca.
Mantenimiento: Terrario con clima tropical, temperatura ambiental de 24 °C (nocturna) a 30 °C (diurna). Humedad relativa del aire superior al 90 %. El sustrato no debe enmohecerse. El aire ha de oler a tierra húmeda y fresca, por lo que necesita una buena ventilación. Proporciónele un rincón húmedo en el que pueda esconderse cuando lo desee. No olvide colocar una cubeta con agua.
Alimentación: Plantas silvestres, verdura, fruta.
Peculiaridades: El caparazón posee una charnela que permite cerrar la parte posterior.

Testudo carbonaria

Testudo carbonaria

Talla: Hasta 50 cm(!).
Distribución: Regiones tropicales de América del Sur.
Hábitat natural: Vive principalmente en las sabanas, aunque también en zonas de selva con el suelo recubierto de hojarasca.
Mantenimiento: Terrario con clima tropical, temperatura ambiental de 24 °C (nocturna) a 32 °C (diurna), humedad relativa del aire del 90 %. El terrario ha de estar bien ventilado, evitar la formación de mohos en el sustrato. El aire ha de tener un olor a tierra fresco y limpio.
Alimentación: Hierbas, plantas silvestres, todo tipo de hortalizas, hojas, grillos; no más del 10 % de fruta.
Peculiaridades: Es una especie bastante popular, pero no es recomendable para los principiantes.

Cyclemys mouhoti

(antes *Pyxidea mouhoti*)

Talla: Hasta 18 cm.
Distribución: Vietnam, Laos.
Hábitat natural: En y cerca de los arroyos que discurren por los bosques tropicales.
Mantenimiento: Acuaterrario, temperatura del agua y del aire de 23 °C a 25 °C, temperatura del suelo de 20 °C a 22 °C.
Comportamiento: Los ejemplares juveniles viven principalmente en el agua, los adultos también en tierra. Suelen enterrarse. Les gusta la sombra.
Alimentación: Omnívora.
Peculiaridades: En la mandíbula superior posee un «garfio» que emplea para trepar. Los ejemplares adultos poseen una charnela transversal en el plastrón. Esta especie no es una tortuga terrestre propiamente dicha, sino palustre; pero sale a tierra con mucha más frecuencia que otras tortugas palustres.

Un terrario de cinco estrellas

El terrario para tortugas ha de cumplir unos requisitos mínimos, pues en él es donde la tortuga va a desarrollar su larga vida.

Terrario de cuarentena

Al principio hay que alojar a la tortuga en un terrario muy

> *Un refugio ideal para pasar la tarde: dos ladrillos pegados acumulan bien el calor.*

básico y espartano, un terrario de cuarentena. Este tipo de terrario es necesario para:
➤ poder comprobar si el animal tiene gusanos o padece al-

guna enfermedad causada por amebas, bacterias o virus,
➤ administrar tratamientos a la tortuga
➤ cuando hay que separar a un ejemplar para evitar que moleste a los demás.

Como terrario de cuarentena puede ser suficiente una cubeta de plástico con una capacidad de 50 a 250 litros. En caso de necesidad, estas cubetas también pueden usarse para mantener a las tortugas durante la hibernación.

Interior: Evite todo aquello que pueda acumular suciedad, ya que retendría agentes patógenos y huevos de gusanos.
➤ Sustrato: basta con colocar

varias capas de papel de periódico.
➤ Escondrijo: puede colocar una teja, o una tabla sobre dos ladrillos.
➤ Emplee un bebedero y un comedero que no se puedan volcar.
➤ En cuanto a los accesorios técnicos, pase a la página 16. El calefactor y la fuente de rayos UV son indispensables para las tortugas desde el primer momento.

Un terrario confortable

Ésta es una instalación más completa y en la que el confort de las tortugas dependerá tanto de las dimensiones del terrario (ver pág. 18) como

(ver pág. 18)

SUGERENCIA

Cuando dos no se llevan bien
➤ Si mantiene dos tortugas juntas, deberá tener preparado un segundo terrario por si surgiese algún tipo de incompatibilidad entre ellas.
➤ Dos machos: La intolerancia entre los machos suele surgir cuando alcanzan la madurez sexual y empiezan a mostrar su carácter territorial.
➤ Los enfrentamientos aún son peores si hay una hembra adulta por en medio.
➤ A veces también pueden producirse enfrentamientos entre machos y hembras fuera de la época del apareamiento.

> *Un terrario de lujo: la cubierta superior protege de las corrientes de aire y su abertura permite que salga el aire viciado. La lámpara de UV que cuelga sobre el terrario es importante para el desarrollo óseo de las tortugas.*

del acondicionamiento interno del mismo.

Es relativamente fácil conseguir un terrario de segunda mano para tortugas terrestres (ver los anuncios por palabras de los periódicos). Busque un acuario de segunda mano cuyo dueño lo venda barato por tener algún vidrio un poco rayado o porque alguna junta esté en mal estado. Para montar un terrario para tortugas de tierra será más que suficiente.

Constitución del suelo: El sustrato deberá estar distribuido de forma que pueda retener tanto el calor como la humedad. Algunas zonas deberán ser duras y ásperas para que las tortugas puedan desgastar sus uñas.

Acumuladores de calor: En las tiendas de terrarios podemos adquirir «piedras calefactoras» que solamente hace falta enchufarlas. Procure hacer salir el cable por una esquina del terrario. Si no hay forma de evitar que el cable discurra por parte del suelo del terrario, cúbralo con una losa plana de forma que las tortugas no puedan desenterrarlo, arrancarlo o morderlo.

Alternativas de construcción casera: Monte lo siguiente por capas desde abajo hacia arriba:

➤ Cubrir la mitad del suelo del terrario con una placa de corcho prensado de 0,5-2 cm de grosor.

➤ Cubrirla con tres capas de papel de aluminio del mismo tamaño con la parte brillante hacia arriba.

15

➤ Esterilla eléctrica con termostato (de venta en las tiendas de animales) del mismo tamaño. Más adelante tendrá que calentar también el recipiente del agua.

➤ Losetas de terracota o losa de cemento.

> Estímulos para los sentidos: eso hace que la tortuga se sienta feliz en el terrario.

Acondicionamiento

Cubeta de baño: La cubeta de cerámica o de metal (no de plástico para evitar que se funda en caso de un problema técnico) estará situada junto a la loseta pero sobre el calefactor (ver más arriba). Lo ideal es emplear un plato de terracota para macetas de forma rectangular y en la que quepa bien una tortuga adulta. En la cubeta habrá que colocar algunas piedras grandes y ramas o troncos para que la tortuga tenga puntos de apoyo para poder levantarse en caso de que alguna vez se llegue a dar la vuelta.

Sustrato: Llene el resto del terrario con una mezcla de arena de río lavada (de grano fino) y corteza de árbol triturada (mezclar a partes iguales).

No emplee gravilla de cuarzo con «cantos vivos» En caso de duda, consulte en su tienda de animales de confianza.

Decoración

Distribuya piedras y troncos de modo que el animal disfrute de un ambiente variado y disponga también de un lugar para esconderse por la noche. (ver pág. 57).

Si mantiene a varias tortugas, es importante que puedan apartarse unas de otras cuando lo deseen. Los escondrijos y las esquinas no han de convertirse en trampas en las que los animales queden atrapados al intentar huir de otro. La tortuga siempre ha de poder superar los obstáculos pasándoles por encima o rodeándolos. Les encanta poder excavar y trepar, investigarlo todo con la vista y con el olfato.

Técnica del terrario

Tubos fluorescentes de luz de día: Son necesarios para proporcionar luz en los lugares oscuros. También se pueden emplear lámparas para plantas (HQI). Tanto las tortugas como las plantas se lo agradecerán con una buena salud.

Lámparas (spot) direccionales de 60-100 vatios: Son una fuente calorífica ideal. Su «ángulo de difusión» ha de ser reducido, ya que cuanto menor sea, más se concentrará el calor. Así la lámpara podrá ser menos potente y se la podrá situar a mayor distancia de las tortugas.

Como regla general: Bajo el spot, la tortuga tiene que poder calentarse hasta alcanzar una temperatura de 36 °C a 39 °C. Haga la prueba colocando el extremo de un termómetro sobre un papel negro colocado en el lugar sobre el que incide el foco.

Lámpara UV: Es necesaria para la crianza de los juveniles, así como para aquellas tortugas que en verano no puedan estar al aire libre. La radiación

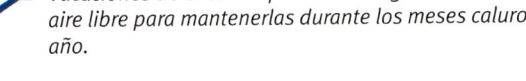 *Vacaciones de ensueño para las tortugas: una instalación al aire libre para mantenerlas durante los meses calurosos del año.*

ultravioleta es imprescindible para el buen desarrollo de los huesos.

¡Cuidado!: A la hora de comprar la lámpara, no confunda la de ultravioletas (UV) con una de infrarrojos (IR).

Plantas

Las tortugas terrestres suelen ser vegetarianas y no tardan en acabar con la plantación del terrario. Para que no se puedan comer las plantas aconsejo colocarlas en macetas de terracota camufladas con piedras o raíces. También pueden conseguirse efectos muy atractivos decorando el terrario con plantas trepadoras tales como parras, ficus trepadores o algunas especies de filodendros. Pueden entrar en el terrario desde fuera o sujetarse a las paredes con algún tipo de apoyos.

Las plantas solamente se desarrollan bien si se les proporcionan las condiciones idóneas. Si se marchitan, busque cuál pueda ser la causa e intente ponerle remedio lo antes posible. Tenga en cuenta que las plantas son muy buenos indicadores de las condiciones ambientales.

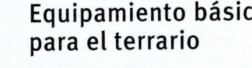

RECUERDE

Equipamiento básico para el terrario

Esto es lo que necesita su tortuga terrestre:

✔ Escondrijo para pasar la noche

✔ Cubeta para bañarse con agua a 22-24 °C

✔ Suelo de arena o piedras a una temperatura diurna de 24-26 °C y con una zona caliente a 36-39 °C

✔ Una zona con arena a temperatura ambiente

✔ Comedero plano e involcable

✔ Decoración acorde con sus necesidades.

✔ Rincón sin calefacción con arena húmeda (no mojada) en la que pueda escarbar.

Cuestiones acerca del terrario

? Instalé el terrario junto a la ventana para que la tortuga tuviese más luz y aire fresco. Ahora la tortuga se ha resfriado. ¿Se debe a la ubicación del terrario?

Naturalmente, ya que al abrir la ventana el aire frío entra directamente en el terrario. Y la tortuga no puede ponerse a salvo de las corrientes de aire. Y si tapa el terrario corre el riesgo de que se sobrecaliente al estar expuesto al sol (efecto invernadero). Ambos casos serán muy perjudiciales para la tortuga, especialmente si se trata de una especie tropical, ya que éstas son especialmente sensibles a las corrientes de aire. El mejor sitio para colocar el terrario es un lugar de la parte posterior de la habitación que esté bien iluminado y protegido de las corrientes de aire.

? ¿Cuánto espacio necesita una tortuga?

Si a su tortuga no le puede proporcionar una instalación al aire libre deberá planificar el terrario de interior de modo que sea lo más amplio posible. La longitud mínima (!) del terrario será cinco veces la longitud de la tortuga adulta. La anchura mínima será igual a la longitud mínima. La superficie se calcula multiplicando la longitud por la anchura, y si se mantienen dos tortugas habrá que aumentar dicha superficie por lo menos en un 30 %.

? Nuestra tortuga se come la arena del terrario. ¿Puede hacerle daño?

Sí, ya que le puede ocasionar una oclusión intestinal y ésta puede resultar mortal. Lo mejor es sustituir la arena por limos, o tierra vegetal. Si la tortuga come arena es señal de que le faltan minerales. Proporciónele sales minerales regularmente (ver pág. 36).

? Desde que hemos instalado un sistema de ventilación forzada en el terrario, la tortuga sólo sale para comer y luego permanece oculta durante todo el día.

Las tortugas siempre han de tener agua limpia a su disposición para beber y para bañarse.

Probablemente tenga usted un terrario de selva tropical que necesita un ventilador para evitar la formación de mohos. Además, a las tortugas les molestan mucho las vibraciones procedentes de compresores, neveras y equipos de música (bajos). Lo mejor será que cuelgue el aparato de la pared, de modo que no pueda transmitir sus vibraciones al terrario. Así seguro que todo irá mejor.

¿Es realmente necesario emplear todas esas lámparas y la calefacción del suelo? Resulta muy caro.

Si tiene el terrario en un lugar con buena luz podrá prescindir de los fluorescentes de luz de día, pero todos los demás aparatos son absolutamente imprescindibles. Las tortugas necesitan calefacción, y si no pueden pasar parte del año al aire libre también necesitarán rayos UV. De lo contrario su tortuga enfermaría gravemente y acabaría muriendo.

He reacondicionado mi terrario y me gustaría poder vender los accesorios «viejos». ¿Qué puedo hacer con ellos?

Lo mejor es que ponga un anuncio por palabras en un periódico de anuncios o en una revista especializada («Reptilia»). También puede anunciarlo en el boletín de alguna asociación acuariófila o herpetológica.

Para irradiar rayos UV me han ofrecido un tubo de ultravioletas. Dicen que ya es suficiente. ¿Es eso cierto?

No. La radiación UV que hace falta para estimular la síntesis de vitamina D necesaria para la piel y para el desarrollo de los huesos solamente se puede obtener con bombillas especiales de las marcas Philips y Osram. Todavía no se ha comprobado a ciencia cierta si la radiación UV de esos tubos es suficiente para las tortugas.

¿Cuándo podemos considerar que una *Testudo hermanni* es adulta?

Esto depende un poco de la alimentación y de sus condiciones de vida. Consideramos que las tortugas son adultas cuando están en condiciones de reproducirse. Y podrá empezar a hacerse ilusiones a partir de los siete años, pero es probable que tenga que esperar de tres a cinco años más.

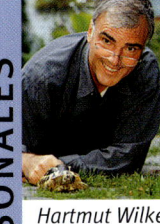

Hartmut Wilke

MIS CONSEJOS PERSONALES

Una instalación ideal

➤ Mantenga una abertura para la lámpara de UV, ya que si hay un vidrio entre ésta y las tortugas no les llegará esta radiación que tan importante es para el desarrollo de sus huesos.

➤ Para que las tortugas pequeñas o juveniles no puedan llegar a ahogarse, es necesario que puedan llegar bien a los bordes de la cubeta con agua y que el nivel de ésta no sea más alto que su caparazón.

➤ Asegurar una buena ventilación para evitar que aparezcan mohos en los terrarios de selva o para que no se estanque el aire caliente.

➤ Para controlar la temperatura del terrario hay que colocar un termómetro (de buena calidad). Los termómetros baratos suelen tener una desviación de hasta dos grados.

➤ Mediante un temporizador podrá regular automáticamente el fotoperiodo de acuerdo con la época del año.

Conozca
a las tortugas

Consejos a la hora de la compra

Da lo mismo que consiga su tortuga por compra, intercambio o porque se la regalen, lo importante es que nunca se trate de una compra espontánea y que no la adquiera en mercadillos callejeros. Pregunte el nombre científico de la tortuga para luego poder informarse a fondo sobre sus requerimientos. Pida que le aconsejen en la tienda o en un criadero especializado. Existen especies que no están protegidas, pero cuyo mantenimiento no es nada fácil y con las que incluso los especialistas en tortugas suelen tener serias dificultades. También hay tortugas que crecen demasiado como para vivir en las instalaciones de la mayoría de los aficionados, como es el caso de *T. carbonaria*, *Geochelone sulcata* y *G. pardalis*.

Dónde conseguir las tortugas

Lo mejor es adquirir las tortugas –tanto si son especies protegidas como si no– en comercios especializados o directamente de los criadores. Si se trata de una especie protegida, junto con el animal le entregarán la documentación CITES, así como una factura en la que conste el nombre científico del animal. Tenga en cuenta que algunas especies puede ser necesario declararlas (ver pág. 60).

Las especies protegidas contempladas en el Convenio de Washington pueden conseguirse directamente de los criadores, que generalmente también venden ejemplares juveniles. Para contactar con los criadores lo mejor es repasar los anuncios por palabras de revistas especializadas tales como «Reptilia» o de los boletines de las asociaciones herpetológicas.

Recogida: Siempre que sea posible, recomiendo recoger

> Para poder cuidar bien una tortuga es muy importante informarse sobre sus necesidades antes de comprarla.

SUGERENCIA

Transportar a las tortugas con seguridad

➤ Coloque a la tortuga en una bolsa de tela con las costuras por fuera. Ponga la bolsa en una caja de cartón en la que no pueda moverse mucho de un lado a otro. Guarde la caja en un bolso de mano.

➤ Transporte en invierno: Coloque debajo de la tortuga un acumulador de calor (gel o botella de agua caliente) a unos 30 ºC. Envuelva la caja con una manta de lana. Cierre bien el bolso de mano. El aire contenido en el interior de la caja es más que suficiente para transportar la caja durante un par de horas a través de un aire gélido.

la tortuga directamente del criador. Pídale que le enseñe sus instalaciones, los lugares de hibernación y los reproductores. Es la forma más rápida y segura de informarse acerca de sus tortugas, de cuáles son sus necesidades y de cuál es la talla que pueden llegar a alcanzar. Además, el criador siempre podrá asesorarle en casos de necesidad.

Comprar en verano

En el caso de las tortugas que necesitan invernar, comprarlas en otoño siempre entraña un riesgo. Si la tortuga tiene un aspecto «cansado» puede ser muy difícil establecer si se está preparando para invernar o si es que está enferma. Si adquiere una tortuga enferma y la pone a invernar, lo más probable es que no llegue viva a la primavera.

Por este motivo tampoco le recomiendo adquirir una tortuga que acabe se salir de la hibernación. Si hubiese iniciado la hibernación poco después de contagiarse, la enfermedad podría no manifestarse plenamente hasta al cabo de cuatro a ocho semanas después de salir de la hibernación, por lo que al elevado precio pagado por la tortuga tendría que

> *Feliz en su nuevo hogar: proporciónele a su tortuga una instalación al aire libre.*

añadir una importante factura del veterinario.

Lo mejor es comprar las tortugas en verano –tanto si son juveniles como si se trata de ejemplares adultos–, que es cuando los animales están más activos. Pero no antes de mayo ni pasado septiembre.

Tortugas tropicales: Lo dicho hasta ahora solamente es aplicable a las tortugas que efectúan un periodo de reposo invernal, pero no a las especies tropicales. Las tortugas tropicales enferman rápidamente aunque sólo hayan respirado aire frío durante unos pocos minutos.

RECUERDE

Criterios de compra

✔ **Especies protegidas:** ¿Se trata de una especie protegida por la ley (ver pág. 9)?

✔ **Época del año:** ¿Es la adecuada para adquirir una tortuga (ver a la izquierda)?

✔ **Higiene:** ¿En qué estado están los animales que tiene el vendedor en sus instalaciones? ¿Están todos sanos?

✔ **Caparazón, piel:** ¿Están sanos, limpios y libres de lesiones y parásitos?

✔ **Ojos:** ¿Están limpios, brillantes y bien abiertos?

✔ **Vías respiratorias:** ¿Tiene las aberturas nasales secas y no produce sonidos extraños al respirar?

✔ **Vitalidad:** Al levantar al animal, ¿se defiende moviendo con fuerza sus extremidades delanteras y traseras?

23

Primeros tiempos en el nuevo hogar

¡Después del largo viaje no hay nada más agradable que un buen baño! Aproveche la ocasión para volver a inspeccionar al animal de cerca (ver pág. 45). Para el baño, llene una cubeta lo suficientemente grande con agua a unos 26 °C y hasta un nivel que le permita a la tortuga sacar cómodamente la cabeza fuera del agua. Durante el baño el animal también aprovechará para beber. Bastará con que el baño dure de diez a veinte minutos.

A continuación es mejor secar bien a la tortuga, ya que al evaporarse el agua el estresado animal perdería bastante calor corporal.

Cuarentena

Al principio deberá instalar a la tortuga recién adquirida en un terrario de cuarentena (ver pág. 14). Es muy recomendable hacerlo así porque a primera vista es muy difícil ver si el animal tiene gusanos o sufre alguna infección. Para averiguar cuál es realmente su estado de salud deberá tomar algunas muestras de excrementos (ver a la derecha) y llevarlas al veterinario para que las analice. La tortuga deberá permanecer en el terrario de cuarentena hasta que esté seguro de que está en perfectas condiciones de salud.

Cuando la coloque en el terrario de cuarentena, lo primero que hará será ocultarse en su escondrijo. Déjela que se quede en él hasta que salga por iniciativa propia. Para acelerar un poco el proceso, ofrézcale alimentos frescos a diario.

Toma de muestras de excrementos

Es importante que durante los primeros días tome muestras de los excrementos de su tortuga. Su veterinario o farmacéutico le proporcionará unos

Una alimentación variada y natural hará que las tortugas se mantengan siempre en forma.

> **1 Llamar su atención**

Mantenga el alimento favorito de la tortuga delante de su cabeza sujetándolo con los dedos índice y pulgar.

> **2 Déjele trepar sobre su mano**

Pronto la tortuga no dudará en trepar sobre su mano si se coloca la comida sobre la muñeca.

> **3 Pura confianza**

Si la tortuga se deja levantar tranquilamente y permite que le rasque el cuello, es señal de que usted se ha ganado ya su confianza.

recipientes estériles especiales para recoger estas muestras y que incluyen una cucharita. Pero también puede emplear cualquier otro recipiente con cierre hermético, como por ejemplo los envases de los carretes fotográficos. Necesitará tres recipientes, ya que deberá tomar muestras durante tres días consecutivos. Añádale una gota de agua a cada muestra para evitar que se seque y que luego sea difícil de analizar si ha de esperar mucho hasta tomar la siguiente. De todos modos, cuando las lleve al veterinario para su análisis es conveniente que la más antigua no tenga más de cinco días. Hasta ese momento es mejor que las guarde en la nevera para que no se enmohezcan. De lo contrario también resultarían inservibles para el análisis.

Tenga esto en cuenta: La orina de las tortugas es una secreción líquida y pastosa de color blancuzco a amarillento, a veces rosada. No tiene ningún valor para el análisis parasitológico. Las tortugas generalmente expulsan la orina separada de los excrementos, pero a veces lo excretan todo a la vez.

Cómo domesticar a la tortuga

Dado que la alimentación desempeña un papel vital en la vida de las tortugas, con ayuda del alimento podrá conseguir que su tortuga llegue a acostumbrarse a usted y se domestique. Pero tenga en cuenta que algunas tortugas tardan más en domesticarse que otras. Algunas nunca llegan a perder su timidez original, o la recuperan cuando pasan el verano en una instalación al aire libre.

Pero generalmente las tortugas se acostumbrarán muy rápidamente a su mano (y a su persona), y relacionarán su presencia con algo bueno, con la llegada de algo sabroso para comer. Le será fácil conseguirlo con su alimento favorito (ver fotos de arriba). Pero no se decepcione si su tortuga no reacciona de este modo.

Percepción sensorial y morfología

Las tortugas disponen de unos sentidos muy desarrollados que les permiten llevar a cabo sus principales actividades, tales como búsqueda de alimento, cortejo y apareamiento, identificación de peligros, etc.

> Las tortugas ven bien de lejos, pero en las distancias cortas se orientan por el olfato.

¿Qué tal son sus sentidos?

Los ojos le proporcionan una visión muy aguda, sobre todo de lejos, para poder buscar alimento e identificar a sus posibles enemigos. Muchas personas también reconocen a su persona de confianza desde una cierta distancia.

Su olfato está muy desarrollado y les permite dirigirse con seguridad hacia su compañera/o sexual y hacia el alimento. Cuando están cerca del alimento se orientan casi exclusivamente por el olfato.

Su oído no es muy fino. Las tortugas oyen mejor los tonos bajos. Captan muy bien las vibraciones del suelo (producidas, por ejemplo, por pasos o por la caída de una piedra), ya que las perciben con las patas y el caparazón y de allí las transmiten al oído interno. Carecen de orejas, y la membrana del tímpano está situada directamente debajo de la piel.

El caparazón

Es la parte más visible y fácil de identificar de la tortuga. Su «armazón» está constituido por placas óseas formadas por partes de la columna vertebral, de las costillas y de la cintura escapular, así como por piel osificada. Pero esta envoltura ósea está recubierta por un tejido óseo (periostio) tan sensible como el de la tibia (espinilla) del hombre. Su cobertura externa está formada por placas córneas –una sustancia «muerta» similar a la de nuestras uñas–.

SUGERENCIA

¡Vaya con cuidado!

➤ Si le ofrecen un tortuga joven con las placas del caparazón de forma casi piramidal y le dicen que se trata de una «variedad muy rara» de esa especie, y las fotos de ella que usted ha visto en los libros siempre la presentan con el caparazón perfectamente liso y redondeado, no la compre. Probablemente se trata de un ejemplar con malformaciones congénitas y/o con alteraciones metabólicas.

➤ Sin embargo, en algunas especies de tortugas terrestres los individuos de edad muy avanzada pueden llegar a desarrollar unas «pirámides córneas» a partir de las placas de su caparazón.

> *La tortuga necesita sus uñas principalmente para trepar. Si el sustrato es duro y áspero, éstas se desgastarán de forma natural.*

El periostio queda al descubierto en las juntas entre los escudos córneos, lugar en el que es especialmente sensible a las lesiones.

Las tortugas que viven en cautividad suelen tener una coloración menos intensa que la de los individuos del mismo tamaño que viven en libertad, ya que estos últimos gozan de la luz solar, una alimentación variada y un «pulimento natural» del caparazón al moverse por un entorno agreste.

Peculiaridades: Algunas tortugas poseen un caparazón articulado y disponen de unas charnelas que actúan a modo de bisagras y les permiten cerrarlo (ver descripción de especies, págs. 12 y 13).

Pico y uñas
Otra característica común de las tortugas es la ausencia de dientes. En vez de ellos poseen un fuerte pico córneo que les permite trocear fácilmente las plantas. En muchas tortugas terrestres se aprecia que el borde del pico es aserrado. Funciona como un cuchillo de sierra y les permite cortar con más facilidad los tallos duros de las plantas. Al igual que el pico, las uñas también son córneas y crecen constantemente. Asegúrese de que el animal pueda desgastarlas de forma natural (ver foto de arriba).

Expresión vocal
Con excepción del momento del apareamiento, durante el cual los machos emiten unos gemidos guturales, las tortugas son mudas. Por lo tanto, no pueden expresar con sonidos su bienestar ni su dolor.

Aprenda a interpretar su
comportamiento

¿Entiende el lenguaje corporal de sus tortugas? Aquí descubrirá qué es lo que el animal quiere expresar con su comportamiento **?** y cómo tiene que reaccionar usted en cada caso **➡**.

> La tortuga está tumbada de espaldas

? ¿Ha perdido el apoyo al trepar y se ha caído?

➡ Organice el terrario de forma que disponga de puntos de apoyo por todas partes (piedras o troncos) para que pueda levantarse por sí sola.

> La tortuga extiende sus cuatro extremidades todo lo que puede.

? ¿Suelen hacerlo siempre que están tomando el sol?

➡ Si lo hace durante todo el día bajo una lámpara calefactora o de rayos UV, es probable que el animal esté enfermo.

Al salir de la hibernación, la tortuga intenta esconderse.

? ¿Necesita aproximadamente una semana para volver a empezar a comer?

→ Si tarda más tiempo, llévela al veterinario.

La tortuga abre la boca completamente

? ¿Es probable que se sienta intimidada, a lo mejor tiene insuficiencia respiratoria?

→ Si lo hace con frecuencia deberá llevarla al veterinario.

La tortuga se levanta y estira la cabeza hacia arriba.

? ¿El animal siente curiosidad o busca una postura que le facilite la evacuación intestinal?

→ Deje que el animal haga lo que crea necesario.

El macho mordisquea las patas y el cuello de la hembra.

? ¿Esto forma parte del cortejo nupcial?

→ ¡Observe lo que hacen! Si le produce lesiones deberá separar a ambos animales.

La reproducción de las tortugas

Si desea obtener descendencia le será más fácil conseguirlo dejando que sus tortugas hibernen (ver pág. 40) correctamente –siempre que sean de una especie que lo necesite– y manteniéndolas a continuación en una instalación al aire libre bien soleada. En condiciones estrictas de terrario suele ser más difícil conseguirlo.

Así se consigue su reproducción

1. Paso: Tres meses antes de la época del apareamiento, reducir a seis horas el fotoperiodo y la duración del encendido de la lámpara calefactora. Disminuya la temperatura hasta situarla en cuatro o cinco grados por debajo de la temperatura máxima recomendable para el suelo y el aire (ver descripciones de especies, págs. 10 a 13).

2. Paso: Separe a la pareja durante uno o dos meses antes del momento previsto para el apareamiento, especialmente si no han efectuado el reposo invernal.

3. Paso: Durante el tiempo de separación, aumentar progresivamente el fotoperiodo a lo largo de tres o cuatro semanas hasta alcanzar las diez o doce horas de sol al día. Durante la última semana, conecte la esterilla calefactora durante unas horas al día.

4. Paso: Durante la última semana, pulverice agua en el terrario dos veces al día con un pulverizador para plantas.

5. Paso: Ofrézcales a las tortugas alimentos frescos y plantas silvestres. Así los animales no podrán ignorar la llegada de la «primavera» e iniciarán el proceso de apareamiento.

Incubación artificial de los huevos

Es imprescindible cuando se

1 Vamos allá

La tortuguita abre el huevo desde dentro ayudándose con el diente de huevo que tiene en la mandíbula superior. La eclosión dura de uno a tres días.

2 Casi conseguido

La joven tortuguita se esfuerza por librarse de su «prisión» con las extremidades delanteras. Mide unos tres centímetros y pesa de 12 a 15 gramos.

3 Por fin libre

Durante los primeros días, los neonatos se nutren de los restos de su saco vitelino. Luego podremos cuidarlas del mismo modo que a los padres.

desea que los huevos se desarrollen en condiciones controladas y protegidas. Los huevos recién puestos hay que marcarlos en su parte superior con un lápiz blando y luego ya no hay que girarlos más para evitar que el embrión muera bajo el vitelo.

Incubadora: Se puede emplear una caja de plástico transparente llena hasta la mitad con vermiculita húmeda (un material aislante de venta en las tiendas de animales). En caso necesario también se puede emplear arena de la construcción. Cubra el recipiente con una tapa y manténgalo en un lugar en el que esté siempre a una temperatura de 27-28 °C, como por ejemplo en una cámara de incubación (ver a la derecha).

La humedad relativa del aire del interior de la caja alcanzará el 100 %. Ábrala a diario y ventílela dos o tres veces con la tapa para renovar el aire.

Evite de que el agua que se condense en la tapa pueda llegar a gotear sobre los huevos, ya que podría resultarles fatal. Por lo tanto, coloque la caja ligeramente inclinada, de modo que las gotitas de condensación se deslicen por la tapa hasta el borde.

> *Algunos machos emiten gemidos durante el apareamiento.*

Cámara de incubación: Consiste en un sencillo acuario de plástico en cuyo interior se colocan dos ladrillos puestos de canto y que se llena con agua hasta que éstos apenas sobresalgan. Sobre los ladrillos se coloca la caja de incubación descrita anteriormente. El agua se calienta mediante un calentador de acuario con el termostato regulado a 28 °C. La temperatura no deberá oscilar más de uno o dos grados. Cubra el acuario con una tapa de vidrio, que deberá apoyarse sobre una pequeña cuña de madera para que también se puedan deslizar las gotitas del agua de condensación.

RECUERDE

Fases del apareamiento

✔ Durante la época del apareamiento, el macho emplea su fino olfato para localizar una hembra que esté dispuesta a aparearse, y puede hacerlo desde gran distancia. Cuando la encuentra, empieza a darle vueltas estrechando el círculo progresivamente.

✔ La hembra tarda más o menos tiempo en reaccionar y corresponder a su galán.

✔ El macho golpea con fuerza el caparazón de la hembra. Si ésta no se detiene, le muerde en las extremidades anteriores para obligarla a encoger la cabeza y las patas (ver pág. 29).

✔ El macho se monta sobre el caparazón de su compañera para aparearse con ella.

Cuestiones acerca de la reproducción

❓ A pesar de que nuestra instalación es muy grande, el macho siempre muerde a la hembra hasta hacerla sangrar. ¿Qué podemos hacer para que deje a la hembra en paz?

Si la hembra no está receptiva para aparearse o el macho se muestra demasiado agresivo con ella, deberá separar al macho de la hembra durante algunas semanas –o durante el resto del año–.

❓ ¿Cuándo alcanzan las tortugas la madurez sexual?

Las tortugas terrestres europeas suelen alcanzar la madurez sexual a la edad de cinco a siete años, pero hay especies que necesitan diez o doce. Sin embargo, la capacidad de reproducirse no se debe solamente a la edad sino también al grado de desarrollo del animal y a las condiciones en que ha crecido. Si las condiciones son buenas y el desarrollo es rápido, la madurez sexual tarda menos en llegar.

❓ Mi tortuga ha puesto huevos fecundados a pesar de que no tengo ningún macho. ¿Cómo es posible?

Los machos de las tortugas que no viven en regiones tropicales producen el semen antes del verano y lo conservan durante la hibernación. La hembra también produce sus huevos antes del verano y finaliza su desarrollo después de la hibernación, en primavera. La fecundación tiene lugar antes de que se forme la cáscara. Pero para ello no es necesario que cada vez se produzca un apareamiento, ya que las hembras de muchas especies pueden conservar el esperma durante cuatro años y emplearlo para seguir fecundando sucesivas puestas.

❓ ¿Todas las tortugas necesitan arena para poner los huevos? La nuestra suele ponerlos sobre el césped.

Lo hace porque no tiene más remedio. Todas las tortugas entierran sus huevos si se les ofrece la oportunidad de hacerlo. En todos los terrarios habrá que proveer una zona

Obtener la reproducción es la mejor recompensa a nuestros cuidados.

cálida con arena ligeramente húmeda para que las tortugas puedan anidar. El espesor de arena debe ser por lo menos igual a la longitud del caparazón de la hembra.

¿Cuándo eclosionan los huevos?

Esto depende de las especies. El tiempo de incubación de los huevos oscila entre los 30 y los 150 días, pero en el caso de la tortuga rusa puede prolongarse hasta ocho meses. En el caso de las tortugas terrestres europeas deberá contar con 60-90 días.

¿Hay que alimentar a las crías de forma distinta a los adultos?

Trocee el alimento un poco más para que los juveniles puedan comerlo bien, y añádales un complemento de vitaminas y calcio (ver páginas 36, 37). ¡Pero no abuse de las vitaminas! El exceso es tan peligroso como la carencia, y las tortuguitas podrían llegar a enfermar.

¿Cómo puedo saber si un huevo está fecundado o no?

Sujete el huevo entre los dedos pulgar e índice (¡manteniendo la marca de lápiz siempre hacia arriba!) y colóqueo delante de una bombilla –pero de forma que ésta no le deslumbre a usted pero le permita observar el huevo con transparencia–. En los huevos fecundados se aprecian pequeños vasos sanguíneos, y a medida que avance su desarrollo, el huevo se irá haciendo cada vez más oscuro. Los huevos estériles muestran una vesícula clara llena de aire y una zona más oscura formada por la yema que se empieza a secar. Otra señal de que el huevo está fecundado es que va aumentando de peso, mientras que los huevos estériles se van deshidratando y son cada vez más ligeros.

Nuestra tortuga ha puesto huevos pero no dispongo de incubadora. ¿Podré sacarlos adelante?

Sí, con una «incubadora improvisada» podrá cuidarlos durante algunos días hasta tener montada la definitiva. Llene una maceta con arena hasta las tres cuartas partes, entierre ligeramente los huevos y cúbrala con un vidrio. Coloque un palillo entre el borde de la maceta y el vidrio para que pueda circular un poco el aire. Mantenga la arena ligeramente húmeda regándola sin mojar los huevos.

MIS CONSEJOS PERSONALES

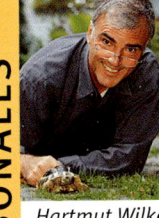

Hartmut Wilke

Protección de las tortugas

➤ Actualmente, sólo es posible obtener documentación CITES para las crías de especies protegidas si también están documentados los padres.

➤ Algunas especies necesitan un documento en el que se describa a la tortuga de forma inconfundible, sea mediante microchip o marcas en el caparazón.

➤ En algunos países y/o comunidades autónomas, si usted cría y vende más de cincuenta juveniles al año necesitará declarar sus instalaciones y obtener un reconocimiento oficial.

➤ Asóciese con otros criadores cercanos a usted.

➤ Si dispone de un solo ejemplar, pida que le presten un macho o una hembra, o preste usted su tortuga al propietario de la otra y luego repártanse la descendencia. El otro progenitor también deberá poseer documentación CITES, ya que de lo contrario tendría problemas para declarar las crías.

Sanas y en forma

Alimentación saludable para las tortugas

En los lugares de origen de nuestras tortugas terrestres crecen hierbas, plantas silvestres y matorrales con todo tipo de hojas, flores y frutos. Y en esas plantas también hay insectos, larvas y caracoles que cubren sus reducidas necesidades de proteínas animales.

> *Siempre saludable: alimento con la adecuada relación de calcio y fósforo.*

«Comer para estar en forma»

Este lema también se puede aplicar a su tortuga. Lo ideal es que le proporcione toda la variedad de plantas silvestres que pueda encontrar en un prado o en un jardín: diente de león (hojas y flores), chirivita, pamplina, trébol, hierba, y en otoño también heno. Las hojas de zarza y de parra silvestre son un buen alimento para el otoño y contienen mucha fibra. En cualquier mercado podrá conseguir hojas de zanahoria, rábano y muchas otras hortalizas, y lo más probable es que no se las cobren. También es aconsejable la lechuga cultivada de modo natural. Pero tenga cuidado con las plantas venenosas, ya que éstas no hay que dárselas. Si duda sobre la naturaleza de una planta, descártela.

Hierbas y heno: Contienen mucha fibra y muchos nutrientes importantes para las tortugas. Siempre deberán constituir la base de su alimentación.

Proteína animal: Ofrecer con mucha moderación. Bastará con darle cada 14 días media yema de huevo duro o un grillo del tamaño adecuado. Si el animal lo rechaza, no le obligue a comerlo.

Minerales

Los minerales y los oligoelementos son imprescindibles para un buen desarrollo de la tortuga. Generalmente, en las hierbas, hojas y hortalizas ya están en cantidades suficientes.

Calcio: Lo más frecuente es que la falta de calcio produzca enfermedades y malformaciones de los huesos. Para evitarlo es importante proporcionarle a la tortuga una pluma de sepia (de venta en las tiendas de animales) y dejarla siempre a su alcance. Lo mismo puede conseguirse triturando cáscaras de huevos de gallina. La tortuga las consumirá cuando le apetezca. De esta forma se evita una sobredosificación —cosa que puede suceder al espolvorear el alimento con complementos en polvo—.

El aporte de calcio es muy importante para el desarrollo de los juveniles y para que las hembras adultas puedan producir las cáscaras de los hue-

> *A pesar de que a su tortuga le guste mucho, ¡tenga cuidado con el tomate! Contiene mucho fósforo y poco calcio.*

vos. Durante esa época es importante darles poco plátano, tomate o melocotón, ya que estos frutos contienen mucho fósforo. La alimentación con exceso de fósforo influye negativamente en el metabolismo del calcio y puede producir raquitismo. Emplee una tabla de valores nutricionales para conseguir una alimentación con una relación adecuada de calcio y fósforo.

Vitaminas

Por regla general, si a la tortuga se le proporciona una alimentación equilibrada y durante el verano se la mantiene en una instalación al aire libre, no hará falta añadirle vitaminas. Y en las épocas en las que la tortuga encuentra en el exterior muchos alimentos ricos en vitaminas, una adición de éstas podría acabar dañándola.

Ejemplo de la vitamina A: Una hipervitaminosis puede causarle lesiones cutáneas a la tortuga que fácilmente acabarán con la vida del animal. Dado que el organismo puede sintetizar la vitamina A, en caso de una posible carencia le podemos dar al animal la materia prima para su síntesis. En este caso lo mejor es darle zanahoria rallada una o dos veces a la semana.

RECUERDE

Reglas para la alimentación

✔ A las tortugas no hay que darles nunca arroz con leche, pan mojado con leche, pasta, etc. Tampoco hay que abusar del plátano. De lo contrario engordan y se vuelven asmáticas y raquíticas.

✔ No darles más de un 10 % de fruta dulce, ya que ésta fermenta fácilmente en su intestino, provoca el desarrollo de hongos y debilita la vitalidad del animal.

✔ No efectúe cambios bruscos de alimentación. Vaya mezclando progresivamente el alimento nuevo con el que le había ido dando hasta ahora.

Cuidados básicos

A pesar de que el duro caparazón de las tortugas les proporciona un aspecto muy resistente, eso no implica que no haya que cuidarlas. En la naturaleza podríamos decir que las tortugas se cuidan el cuerpo de forma automática, ya que desgastan las uñas al caminar, erosionan el pico al comer, etc. Por lo tanto será necesario que de vez en cuando compruebe si puede ser necesario tomar algunas medidas «cosméticas».

Uñas demasiado largas

Causa: Errores de mantenimiento y de alimentación. La tortuga hace poco ejercicio y/o el sustrato es demasiado blando y las uñas no pueden desgastarse de forma natural. Además, si a las tortugas terrestres se les proporciona un exceso de proteína animal, sus uñas crecen más de lo normal.
Tratamiento: Lo más sencillo es cambiar el sustrato. Un buen método es colocar piedras planas recubiertas por una fina capa de arena. Procure que la tortuga pueda hacer más ejercicio (ver pág. 52). Como medida de emergencia se le pueden cortar las uñas con una tenacilla especial. Existen tenacillas especiales que no aplastan las uñas al cortarlas sino que las rodean por completo para efectuar un corte uniforme. Si un experto (veterinario o criador) opina que a su tortuga le crecen demasiado las uñas, entonces reduzca la proporción de proteínas de origen animal de su dieta.

Hipertrofia del pico

Causa: Alimentos demasiado blandos y/o alimentación demasiado rica en proteínas.
Tratamiento: Lleve la tortuga al veterinario para que le lime el pico. Para prevenirlo puede darle unos alimentos más duros y proporcionarle también una piedra calcárea

> *Un entorno agreste: aquí la tortuga desgasta sus uñas a la vez que cuida su cuerpo.*

SUGERENCIA

A tener en cuenta antes de limar

A algunas especies de tortugas, como por ejemplo la *Cyclemys mouhoti* (ver pág. 13), les crece un garfio natural, en la mandíbula superior por debajo de las aberturas nasales, que les sirve de ayuda para trepar.

➤ Por favor, no le recorte este gancho sin comentarlo antes con el veterinario.

➤ También puede pedir asesoramiento a su veterinario o a un cuidador con más experiencia.

> 1 ¡Sin exagerar!

Generalmente, si la tortuga vive siempre en terrario no es necesario lavarla de este modo. Pero si su tortuga se ensucia de barro puede limpiarla con un cepillo muy blando (!) o, mejor aún, con un paño. No se olvide de secarla bien después del baño, ya que de lo contrario podría resfriarse.

> 2 Extracción de garrapatas

Si mantiene a la tortuga en buenas condiciones será muy raro que llegue a tener garrapatas. Pero si el animal vive en una instalación al aire libre puede verse parasitado por alguna garrapata procedente del jardín. Generalmente se instalan en los pliegues de las extremidades o en el cuello. Para extraer a estos parásitos es preferible emplear una pinza especial para garrapatas (de venta en tiendas de animales).

o una pluma de sepia para que la muerda.

Tratamiento de belleza para la piel y el caparazón

Las tortugas que viven en libertad suelen tener un caparazón mucho más bonito porque están expuestas a la acción del sol, el viento y la lluvia, y además lo pulen al escarbar en la arena, al enterrarse y al rozar contra los matorrales y arbustos. Si lo desea, puede lavarle el caparazón con un paño húmedo y untárselo con una mínima (!) cantidad de vaselina. Luego frótela bien para secarla.

A tener en cuenta: Uno de los puntos más delicados de la tortuga son las juntas entre los escudos del caparazón («juntas de crecimiento»). Mi consejo: no le rasque, cepille ni apriete en ellos.

Ectoparásitos

Los parásitos externos más frecuentes en las tortugas son las garrapatas y los ácaros, siendo especialmente abundantes en los ejemplares recién importados. Es raro que un animal que viva en un terrario en buenas condiciones tenga parásitos.

Los ácaros suelen aparecer especialmente en los terrarios húmedos, ya que las cortezas trituradas, húmedas y calientes constituyen un medio de cultivo ideal para ellos.

Tratamiento: Los terrarios y tortugas infestados por ácaros hay que desinfectarlos a fondo siguiendo las indicaciones del veterinario. En el caso de tener garrapatas, ver foto de arriba.

Supervivencia ante temperaturas extremas

Las tortugas aparecieron en las regiones cálidas de la tierra y convivieron en ellas con dinosaurios y cocodrilos, adaptándose muy bien al sol y al calor. Esto les ha permitido sobrevivir hasta nuestros días.

> Una regla básica: primero la revisión veterinaria y después la hibernación.

Hibernación

El frío resulta letal para las tortugas, por lo que es comprensible que las que viven en las zonas templadas hayan desarrollado una estrategia que les permita soportar los fríos inviernos. Esta estrategia se llama «hibernación».

En la naturaleza: Allí las tortugas se entierran bajo las raíces de los árboles, en madrigueras excavadas por mamíferos, y en otros lugares resguardados, pero con la condición de que no sean ni demasiado secos ni demasiado húmedos. ¡Es imprescindible que estas tortugas puedan invernar!

En cautividad: Aquí el mejor lugar para guardar a las tortugas durante la hibernación es un sótano o una bodega con el suelo de tierra natural apisonada. Su clima es muy similar al del ambiente natural: temperaturas uniformemente bajas, entre 0 °C y 12 °C, y una humedad relativa del aire bastante alta; en sótanos normales, sin calefacción y con ventanas que puedan mantenerse abiertas durante el invierno. Si usted no dispone de un lugar con estas características, intente conseguir a alguien en su círculo de amistades o vecinos que tenga un espacio

SUGERENCIA

Lugares inadecuados para pasar el invierno

No haga invernar a las tortugas de tierra en buhardillas, casetas de jardín, invernaderos, terrazas o balcones.

➤ En esos lugares, a finales de otoño y principios de primavera se producen unas oscilaciones de temperatura demasiado acusadas.

➤ Durante los inviernos muy crudos con heladas muy severas y prolongadas, las tortugas podrían llegar a congelarse.

➤ En las buhardillas hace demasiado calor en primavera.

en el que pueda mantener la caja de hibernación de la tortuga. También puede conseguir contactos interesantes a través de los clubs y asociaciones herpetológicas.

A tener en cuenta: Para las tortugas terrestres, el peor peligro durante la hibernación en cautividad es la deshidratación, no las bajas temperaturas.

Preparación de una caja para la hibernación

La caja propiamente dicha estará construida con tablas no muy ajustadas, de modo que queden rendijas entre ellas que aseguren una buena ventilación. Como medidas orientativas podemos indicar unos 70 × 70 cm para la base y unos 80 cm de altura. Si la caja es mayor tampoco pasa nada. Lo importante es que no sea demasiado pequeña o demasiado baja. El contenido de una caja demasiado pequeña o baja podría secarse con facilidad, lo cual es especialmente peligroso para las tortugas jóvenes.

➤ Cubra el fondo de la caja con una capa de 10-20 cm de gravilla de lava o bolitas de arcilla (de venta en los garden-center) húmeda pero no mojada.

> *Después de la hibernación la tortuga se encuentra fresca y fuerte –y también mejoran sus defensas contra las enfermedades–.*

➤ Esparza por encima unos 10 cm de tierra húmeda de bosque o de jardín.

➤ Llene el resto con musgos y hojarasca casi seca hasta unos 10 cm por debajo del borde de la caja.

➤ Cubra la caja con malla metálica para evitar que una tortuga pueda fugarse y herirse si tarda un poco en entrar en hibernación o si se llega a despertar antes de lo previsto.

Cuenta atrás
para la hibernación

Una vez llevada la tortuga al veterinario dos meses antes para hacerle una revisión sanitaria (ver pág. 48), limítese a colocar sobre la hojarasca al animal sano y «necesitado de reposo».

Generalmente, al cabo de unos días encontrará a la tortuga bajo las hojas y sobre la capa de tierra. La temperatura ambiental puede oscilar entre los 0 °C y los 12 °C, pero no conviene que supere los 12 °C durante largos periodos de tiempo (una semana o más). Para la tortuga eso sería la señal para despertarse. Durante la hibernación no hay que dar de comer a las tortugas. Tampoco necesitan agua para beber.

En un sótano seco, durante los cuatro a cinco meses que dura la hibernación podría llegar a secarse la tierra de la caja. Si se da cuenta de que eso está sucediendo, humedezca la tierra pero no la hojarasca. Puede verter agua con la regadera por las esquinas de la caja para que el agua vaya bajando lentamente. Riegue contra la pared de madera. Así el agua llegará a la tierra sin mojar la hojarasca. Pero hágalo con moderación para que no se encharque ninguna zona.

¿Cuánto ha de durar la hibernación?

A veces es difícil establecer cuánto tiempo «quiere» hibernar la tortuga, especialmente para los principiantes. Para las especies europeas puede resultar muy útil consultar el parte meteorológico de algún periódico importante en el que aparezcan también las temperaturas diurnas medias de diversas ciudades de Grecia, España y del Norte de África. Si observa que durante unos días la temperatura media de Atenas, por ejemplo, se mantiene por debajo de los 18 °C, será señal de que las tortugas que vivan en Grecia estarán empezando a hibernar. El final de la hibernacion llegará en primavera cuando las temperaturas diurnas tengan una media superior a los 20 °C. Para las tortugas exóticas de América y Asia, consulte algún periódico de economía internacional. Los periódicos le proporcionarán una orientación sobre cuándo poner su tortuga a hibernar, pero lo que resulta decisivo es el comportamiento del animal.

A tener en cuenta: Las tortugas nacidas en ese mismo año también necesitan hibernar. Si sigue las recomendaciones que damos en este libro podrá hacer hibernar sin problemas a una tortuguita de menos de medio año –por ejemplo una *Testudo hermanni* de 20 a 30 g de peso– durante cuatro o cinco meses. En estos casos es importante controlar el peso del animal cada cinco o seis semanas. Si el peso disminuye en más de un 10 % desde una pesada a la siguiente, es que

> La hibernación y el reposo estival son tan importantes para los adultos como para las crías.

> *Después de la hibernación es necesario darle un buen baño en agua limpia y tibia. Así vuelve a regular su hidratación.*

algo no va bien. En ese caso lo mejor es despertar a la tortuga antes de hora.

También es muy importante cuidar de que la tierra conserve la humedad necesaria, ya que la deshidratación puede ser especialmente grave para los ejemplares juveniles.

Reposo estival

En la naturaleza, las tortugas recurren al reposo estival para poder soportar épocas muy secas y calurosas durante las que escasean el agua y los alimentos. Es el caso, por ejemplo, de la tortuga rusa (ver pág. 11). En el terrario se dará cuenta de que el animal disminuye su actividad y empieza a comer menos de lo habitual.

Es más frecuente observarlo si se mantiene a la tortuga en una instalación al aire libre durante unos soleados y cálidos días de verano.

Primero asegúrese de que el animal no esté enfermo y consulte al veterinario en caso de duda. Si no es así, deje a la tortuga tranquila y desconecte la calefacción y la iluminación.

RECUERDE

¿Qué hacer durante las vacaciones?

Busque con tiempo una persona que tenga experiencia con tortugas y que pueda hacerse cargo de la suya si usted tiene que estar fuera durante una temporada o si se encuentra enfermo. Tenga en cuenta los siguientes puntos:

✔ **Generalidades:** Explíquele el comportamiento normal de la tortuga; los cambios de comportamiento siempre son una señal de alarma y conviene buscar ayuda profesional.

✔ **Peculiaridades:** Explíquele las pautas de comportamiento de su tortuga, incluso las de la hibernación.

✔ **Desove:** Si prevé que la tortuga pueda desovar, prepare una incubadora (ver pág. 30) para colocar los huevos y no se olvide de darle calcio a la madre.

✔ **En caso de enfermedad:** Deje la dirección y el teléfono de su veterinario por si surgiese alguna urgencia. No se olvide de dejar también el suyo.

✔ **Alimentación:** Explique bien la composición de la dieta y la cantidad de alimento que hay que darle a su tortuga. Deje los datos de su tienda de confianza o de otro cuidador de tortugas por si surgiese alguna duda.

✔ **Técnica:** Deje a mano lámparas de recambio; explique el funcionamiento del temporizador y de la caja de fusibles.

Prevenciones sanitarias

¡Es mejor prevenir que curar! Y para las tortugas esto significa que hay que preocuparse de que reciban las cantidades necesarias de calcio y vitaminas (ver pág. 36), así como de radiación UV (ver pág. 17). Pero esto no es todo.

> Para poder controlar bien su salud es necesario pesarla regularmente.

¡Cuidado con las corrientes de aire!

Ésta es una precaución que hay que tomar con todas las especies de tortugas. Téngalo muy en cuenta. He podido comprobar que muchas personas que tienen tortugas terrestres creen que a su mascota le gusta caminar suelta por la casa y que le encanta refugiarse bajo el radiador de la calefacción. Pero la tortuga no recorre la casa por placer sino porque busca un lugar para esconderse. Y bajo los radiadores siempre suelen haber corrientes de aires que acabarán por hacer que el animal se ponga enfermo. Compruébelo poniéndose descalzo junto a un radiador. Seguro que no tardará en notar frío en los pies.

¿Qué hacer?

➤ No deje a la tortuga suelta por la casa.

➤ Evite que puedan entrar corrientes de aire por la abertura del terrario. Los vidrios fríos de las ventanas también pueden producir corrientes de aire.

➤ En caso necesario, reduzca el tamaño de la abertura del terrario cubriéndola.

Parásitos y gérmenes

Las cubetas de baño y las zonas con arena húmeda son un verdadero caldo de cultivo para gusanos del aparato digestivo y para todo tipo de amebas y bacterias. En la naturaleza las tortugas recorren grandes distancias y nunca vuelven a toparse con los parásitos que expulsan con sus excrementos. Pero en el terrario las cosas son muy distintas. Al comer y beber vuelven a ingerir los parásitos y gérmenes que han expulsado y enferman de nuevo.

¿Qué hacer?

➤ Lavar a diario el recipiente del agua.

➤ Colocar losas de piedra alrededor de la cubeta del agua para mantener seca la arena y mantenerlas calientes mediante la calefacción del suelo (ver pág. 16).

➤ Cambie con frecuencia la arena de alrededor del recipiente con agua, en función de lo que la llegue a ensuciar la tortuga.

➤ A muchas tortugas les gusta defecar en el agua. En ese caso, cámbiela inmediatamente.

¿Está sana su tortuga?

Parte a observar	Sana	Enferma	Tratamiento
Caparazón/juveniles	Consistente y elástico como la uña del dedo pulgar	Blando y deformable como un panecillo de avena	Llevarla al veterinario
Caparazón/adultos	Duro y consistente, sin falta de escamas	Duro pero deforme; escudos abombados o piramidales; orificios, sobre todo en el plastrón; manchas rosadas causadas por hongos	Llevar al veterinario
Piel	Suave, lisa y elástica	Con costras; lesiones infectadas; se desprende en el cuello y en la región cloacal; inflamaciones dolorosas; garrapatas o ácaros	Llevarla al veterinario

Extraer las garrapatas, los ácaros se eliminarán con la loción que recete el veterinario |
Región cloacal	Limpia, sin lesiones	Sucia de excrementos; heridas o hemorragias producidas por lesiones o por parásitos	Llevarla al veterinario
Ojos	Limpios, transparentes, muy abiertos	Córnea turbia o lechosas párpados inflamados, lesiones o cuerpos extraños en el ojo	Llevarla al veterinario
Vías respiratorias	Secas, sin espuma ni secreciones nasales o en la garganta, respiración sin ruidos	Espuma en la garganta y en la boca, respiración sonora; secreción nasal; respiración con la boca abierta	Llevarla al veterinario
Locomoción terrestre	Camina apoyándose sobre todas las extremidades por igual	No mueve las extremidades posteriores o las arrastra; el animal «cuelga» por detrás	Llevarla al veterinario
Vitalidad	Al cogerla con la mano intenta huir o se retrae en el caparazón	Al cogerla con la mano tiene una reacción «cansada»; sus movimientos son lentos y sin fuerza	Llevarla al veterinario
Apetito	Acude con curiosidad en cuanto se le ofrece comida fresca, come inmediatamente, con rapidez y regularidad.	Tarda en acudir, come poco y despacio, apatía, adelgazamiento	Llevarla al veterinario

Síntomas de enfermedades

Las alteraciones del comportamiento tales como la apatía y los cambios externos, como la inflamación de los párpados, siempre suelen ser síntomas de enfermedad. Los síntomas que describimos a continuación hay que tomarlos muy en serio y necesitan tratamiento veterinario. Para actuar rápidamente en caso de emergencia, lo mejor será que busque con tiempo un buen veterinario que entienda de tortugas. Además de los veterinarios tradicionales, también los hay que aplican técnicas de medicina natural y homeopatía. Para localizar a un veterinario que entienda de tortugas, pregunte en su tienda de confianza o consulte los anuncios de las revistas de reptiles.

Insuficiencia respiratoria

Síntomas: La tortuga extiende el cuello hacia delante, abre la boca y produce un sonido que puede ser de silbidos o de ronquidos. De vez en cuando baja la cabeza como si estuviese agotada.

Posibles causas: Neumonía, estreñimiento, retención de huevos; gases en el estómago o en el intestino, cálculos en la vejiga o de ácido úrico que impiden el vaciado de la vesícula anal; edema debido a enfermedades de los riñones o del corazón.

Tratamiento: ¡Ante todo no hay que darle más calor al animal! El aumento del metabolismo podría poner en peligro la vida de la tortuga. ¡Llévela inmediatamente al veterinario!

A tener en cuenta: Si en la boca se aprecian acumulaciones de sustancias que pueden dificultar la respiración, es posible que se trate de una infección causada por hongos, bacterias o herpes. Éstos suelen resultar mortales para las tortugas. Aplicar inmediatamente medidas de cuarentena, higiene y desinfección puede ayudarle a salvar al resto de sus tortugas.

Diarrea

Síntomas: Excrementos pastosos

> La «prueba del panecillo» muestra si el caparazón es fuerte y resistente.

Enfermedades del caparazón

➤ Lesiones del caparazón: Suelen ser consecuencia de un accidente. Si la herida es profunda y llega hasta el hueso hará falta tratamiento veterinario. Las erosiones superficiales son poco problemáticas.

➤ Intoxicación por vitamina D_3: El caparazón es tan blando que se puede aplastar con los dedos (prueba del caparazón, ver foto de la izquierda), aparecen hemorragias en las juntas. Hay que llevar la tortuga sin falta al veterinario.

➤ Micosis: Manchas rosadas en el caparazón. Se trata con una tintura recetada por el veterinario.

> *Del revés –a una tortuga sana no le será difícil darse la vuelta–.*

Posibles causas: Mala alimentación; infestaciones por protozoos, hongos o gusanos.
Tratamiento: Si los excrementos no van mezclados con sangre y el animal muestra su vitalidad habitual, habrá que empezar por ponerlo a dieta, es decir, nada de fruta, disminuir la verdura y mezclarla con un 80 % de hojas secas o heno. En vez de agua habrá que darle infusión de manzanilla o té negro (dejar que se haga durante 10 minutos). Si al cabo de dos o tres días no se aprecia ninguna mejoría habrá que llevar la tortuga al veterinario. No se olvide de llevar también una muestra de excrementos (ver pág. 24).

Alteraciones de la orina

Síntomas: La orina de la mayoría de las tortugas terrestres está formada por una parte acuosa y transparente con unas acumulaciones blanquecinas y mucilaginosas de ácido úrico cristalizado. Si se producen alteraciones, la orina puede hacerse más densa y llegar a no contener más cúmulos mucilaginosos de color blanco. En una fase más avanzada, la orina contiene pequeñas piedrecitas. El animal se muestra más tranquilo de lo habitual y se le hinchan las articulaciones, incluyendo las extremidades posteriores.

Causa: Cuanto menos bebe la tortuga, el ácido úrico forma cristales cada vez más grandes. Estos cristales lesionan los tejidos de los riñones permitiendo la entrada de bacterias y flagelados que causan infecciones. Los funciones dejan de funcionar correctamente con unas consecuencias tan dolorosas como los cólicos nefríticos y la gota.

Tratamiento: ¡Llevar la tortuga al veterinario lo antes posible! Como precaución, ponerle siempre agua limpia en la cubeta de baño. La tortuga enferma procurará permanecer mucho rato en el baño y beberá abundantemente.

Cómo tratar a una tortuga enferma

Los animales enfermos suelen mostrarse mucho menos activos que los sanos. Suele ser difícil apreciar bien lo que le pasa.

✔ ¡Por favor, vuelva a observarla atentamente! Si ve que su tortuga «se excede» en algo, deberá empezar a preocuparse. Si la tortuga pasa demasiado rato en su escondrijo, o bajo la lámpara calefactora, o en la cubeta con agua, es señal de que algo no va bien.

✔ ¡Traslade la tortuga enferma al terrario de cuarentena y cuídela allí!

✔ Mientras tanto, consulte al veterinario sobre el mejor modo de limpiar o desinfectar a fondo el terrario habitual.

Cuestiones acerca de la alimentación y la hibernación

Mi tortuga come con regularidad, pero no me gustaría que llegase a hacerse obesa. ¿A partir de cuándo es demasiado?

Las tortugas terrestres se ponen a dieta por su cuenta. Evite que su alimento incluya sustancias que hagan engordar (ver pág. 37). Pese al animal cada seis meses y anote los pesos en una libreta. Durante los primeros 4 a 6 años el peso aumenta cada vez más lentamente. Se reconoce que una tortuga está obesa si al retraer las patas dentro del caparazón los pliegues cutáneos se hinchan hacia fuera. En ese caso, ¡compruebe su alimentación! Dele solamente un pienso preparado en el que conste la lista de ingredientes y los porcentajes de grasas, proteínas y fibra, así como su contenido en calcio, vitaminas, fósforo, etc. (de venta en tiendas de animales).

¿Cómo puedo saber si la tortuga quiere hibernar, y qué tengo que hacer en ese caso?

En otoño disminuye tanto la actividad de la tortuga como su apetito. Vacía completamente su intestino y se entierra en su escondrijo.

Siga este procedimiento: uno o dos meses antes de que esto suceda –se repetirá siempre en la misma época del año– es conveniente someter el animal a un reconocimiento veterinario.

Así todavía estará a tiempo para aplicar un eventual tratamiento mientras el animal se encuentra activo. Cuando haya vaciado sus intestinos –un baño de agua tibia puede ayudarle a conseguirlo– apague la luz y la calefacción. Cuando la tortuga ya lleve una semana quieta en su escondrijo, trasládela a la caja de hibernación (ver pág. 41).

Mi tortuga ha salido de la hibernación antes de tiempo y ahora está en la parte superior de la caja de hibernación. ¿Qué he de hacer?

Prado con flores: un lugar lleno de golosinas de las que no engordan.

Eso sucede si a principios de primavera hace demasiado calor o si la tortuga se siente enferma durante la hibernación. Ponga en marcha su terrario habitual, bañe la tortuga en agua a 25 °C con un poco de sal (una cucharadita rasa de sal de cocina por litro de agua), déjela que beba lo que quiera y ofrézcale comida fresca a diario. Pésela en cuanto salga de la hibernación. Si ha perdido más de un 10 % de su peso inicial tendrá que llevarla al veterinario.

¿Qué le sucede a mi tortuga durante la hibernación?

La tortuga es un animal poiquilotermo, por lo que no puede regular su temperatura corporal, sino que depende de la temperatura ambiental. Si ésta se mantiene por debajo de los 18 °C solamente puede mantener sus funciones vitales básicas, pero no puede hacer nada que implique un gran consumo energético. La tortuga entra en una fase de ahorro de energías en la que reduce la frecuencia cardiaca, ralentiza la respiración y apenas se mueve. La pérdida de peso que experimenta se debe al consumo de sus reservas de grasa y, principalmente, a la pérdida de agua.

¿Le molesta a la tortuga si la peso durante la hibernación?

No, si la pesa regularmente cada cinco o seis semanas no le causará ninguna molestia. Pero procure hacerlo con rapidez y luego vuelva a dejar a la tortuga exactamente en el lugar y en la posición en que la había encontrado.

Al igual que el verano pasado, mi tortuga rusa hace ya cuatro semanas que parece cansada y apenas come. ¿Me he olvidado de proporcionarle algo?

Intente examinar cuidadosamente al animal (ver control sanitario, pág. 45). Si no encuentra nada extraño y la tortuga sólo intenta emplear sus últimas fuerzas para liberarse y esconderse, es señal de que su tortuga está realizando un período de reposo estival. Si el año pasado todo fue bien, éste no tiene por qué ser distinto. Para mayor seguridad, el año que viene hágale una revisión veterinaria uno o dos meses antes de que empiece a descansar. Así descartará posibles enfermedades.

Hartmut Wilke

MIS CONSEJOS PERSONALES

Salud en el comedero

➤ Cuando recoja plantas silvestres en el campo, asegúrese de que no puedan estar contaminadas con herbicidas o insecticidas.

➤ Para que no sufra daños por falta de calcio, proporciónele dosis extra de calcio a la hembra antes y después de desovar.

➤ La relación de calcio y fósforo en su alimentación ha de ser de 2:1 (el doble de calcio que de fósforo), de lo contrario el fósforo descalcifica el esqueleto.

➤ Los complejos vitamínicos con vitaminas A y D_3 solamente hay que administrarlos si los receta el veterinario y dosificándolos en función del peso de la tortuga. De lo contrario pueden causar una intoxicación.

➤ Anote en una libreta el tipo y cantidad de alimento que le da, los cambios de comportamiento, el aumento de peso y de longitud, etc. Así siempre podrá dar datos concisos tanto al veterinario como a la persona que le cuide la tortuga durante sus ausencias.

Mantenimiento

Variedad para las tortugas

Si a pesar de estar bien aclimatada y disponer de luz solar su tortuga suele permanecer en un rincón con aspecto de estar aburrida, es probable que necesite un poco más de variedad. A las tortugas terrestres les gusta disponer de

Hasta las tortugas son capaces de trepar con tal de alcanzar lo que les gusta.

espacio para trepar, caminar y escarbar (ver pág. 57). Para ellas es tan importante como la alimentación. Dado que no todo el mundo dispone

de un jardín o terraza en donde montar una instalación al aire libre (ver pág. 54), es importante atender bien a las necesidades de la tortuga. Otra ventaja de esto es que así se detecta enseguida cualquier enfermedad o anomalía y se puede llevar el animal al veterinario antes de que sea demasiado tarde.

Hacer que la búsqueda de alimento les resulte interesante

Las tortugas que viven en libertad dedican la mayor parte de su actividad diaria a la búsqueda de alimento. Y esto las obliga a caminar y trepar constantemente. ¿Por qué no hacerlo también en el terrario? La tortuga no se aburrirá tanto si además de su comida habitual le esconde por el terrario algunas hojas de diente de león u otras plantas que le gusten mucho. Cuanto mejor estructurado esté el terrario, más interesante le resultará a la tortuga. Lo recorrerá de un lado a otro guiándose por el olor de las apetitosas plantas. De este modo –según sus provisiones de golosinas–

podrá hacer que la tortuga se pase horas recorriendo el terrario.

Sensibilidad al clima

No se sorprenda si durante un verano fresco y lluvioso su tortuga sale del escondrijo más tarde de lo habitual, come menos y vuelve a esconderse. El animal reacciona ante las variaciones climáticas, dado que puede percibir el mal tiempo incluso desde el terrario. Cuando vuelva a lucir el sol y haga calor de nuevo, la tortuga volverá a salir de su refugio y se mostrará activa como de costumbre.

Adaptación a sus congéneres

Si su nueva tortuga va a tener que convivir con una o varias que ya lleven algún tiempo en el terrario, es aconsejable proporcionarles uno o dos escondrijos más que el número total de tortugas. De lo contrario podrían producirse enfrentamientos jerárquicos o territoriales. Los animales que ya llevan tiempo en el terrario suelen defender su te-

¡No siempre desea tener compañía! Si se pelean constantemente no habrá más remedio que instalarlas en terrarios separados.

rritorio –que en este caso es todo el terrario– con bastante dureza ante los recién llegados. Si a pesar de tomar todas las precauciones las tortugas no paran de pelearse durante todo el día y una de ellas se pasa la mayor parte del tiempo escondida y apenas come, le recomiendo que instale a cada animal en un terrario aparte.

Mejor época del año: Lo mejor es acostumbrar a los animales a estar juntos durante el verano. Si se ven por primera vez estando en una instalación al aire libre lo suficientemente amplia, po-

drán esquivarse siempre que lo deseen.

Sin embargo, también existen casos en que las tortugas sólo pueden compartir un terrario sin problemas durante la época del apareamiento. Para la tortuga resulta interesante poder encontrar un compañero/a del sexo opuesto –al igual que sucede en la naturaleza– para luego volver a perderlo de vista después de la época del apareamiento. Lo ideal sería poder establecer una colaboración con otro cuidador (ver pág. 33) que posea una tortuga de sexo opuesto a la suya.

(ver pág. 33)

RECUERDE

La tortuga es un animal salvaje

Aunque se reproduzca con normalidad y lleve décadas en cautiverio, seguirá siendo siempre un animal salvaje.

✔ A pesar de que usted ya haga mucho tiempo que se haya ganado la confianza de su tortuga, ésta seguirá conservando sus costumbres y su instintos originales. Y entre ellos se encuentra el «evitar a los extraños» a base de huir o de retraerse en su caparazón, así como el extremar la prudencia ante alimentos desconocidos, que podrían ser venenosos.

✔ Por favor, no trate a la tortuga como si fuese un animal de peluche. A las tortugas no les gusta nada que las cojan constantemente ni que nadie intente jugar con ellas.

Tortugas al aire libre

Lo ideal para las tortugas que puedan vivir en el exterior (ver págs. 10-13) es mantenerlas en una instalación al aire libre durante los meses más calurosos del año (según las regiones puede ser de abril a noviembre o de junio a agosto). En algunos casos se les puede proporcionar también un arriate con calefacción.

> La tortuga es capaz de estirar mucho el cuello para intentar alcanzar algo que le guste.

Dimensiones mínimas de la instalación: Para el jardín recomiendo una anchura de 1,20 m y una longitud de 3 m. En una terraza es probable que las dimensiones deban ser algo más reducidas. Pero hágalo lo más amplio posible

para que la tortuga pueda caminar a sus anchas.

La instalación de jardín

Márgenes: Se pueden construir con bordillos para césped, tablas lisas o chapa de plástico ondulado que habrá que enterrar en el suelo hasta 20-30 cm de profundidad (a las tortugas les gusta mucho excavar, y la tortuga rusa es capaz de cavar galerías de hasta doce metros de longitud). La altura de los márgenes dependerá del tamaño de las tortugas. El animal no deberá llegar a alcanzar el borde superior con sus patas, de lo contrario llegaría a fugarse.
Los ejemplares de menos de 15 cm necesitan que la insta-

lación esté cubierta con tela metálica para protegerlos de posibles predadores.
Suelo: Deberá tener un desnivel de aproximadamente 5 cm por metro y un drenaje en la parte inferior. Forme algunos montículos en los que las tortugas puedan refugiarse si sube el nivel del agua durante algún fuerte aguacero y a los que también subirán para tomar el sol. Como plantas puede colocar hierba, diente de león, pamplina y otras plantas silvestres que también les resulten apetecibles, así como algún arbusto de boj para que les dé sombra. Las rocas y troncos darán al conjunto un aspecto más variado, pero cuide de ponerlos de forma

que no puedan servirles para fugarse.

Arriate de primavera: Deberá estar situado en la parte superior de la instalación y bien expuesto al sol. Está formado por un pequeño invernadero de plástico que puede ser comercial (de venta en los garden-center) o de construcción casera. Ese pequeño invernadero acumula bien el calor y constituye un buen refugio para cuando hace mal tiempo.

➤ La entrada tendrá forma redondeada y puede recortarla usted mismo.

➤ Para los días en que no se alcancen los 26 °C (contrólelo con un termómetro) habrá que instalar una lámpara de luz roja o una bombilla de 60-80 vatios colgada del techo.

➤ El suelo de la caseta es preferible hacerlo a base de losas de cemento.

Baño: En la parte más baja de la instalación puede colocar una cubeta de baño adecuada, como por ejemplo un bebedero para pájaros. Pero tenga en cuenta las medidas de seguridad para las tortugas pequeñas (ver pág. 19).

Instalación para balcón o terraza

Es una versión reducida de la instalación de jardín.

Oriente la instalación de forma que le llegue bien la luz solar incluso cuando el sol esté bajo.

1ᵉʳ Paso: Construya la estructura del mini invernadero con madera. Lo ideal es emplear listones de madera impregnada para construir vallas (de venta en los almacenes de bricolaje). La parte superior de los laterales deberá estar inclinada hacia delante, y su parte posterior será unos 15 cm más alta que la delantera.

2° Paso: Para evitar que la madera se pudra, antes de colocar las bolitas de arcilla forre todo el interior con lona impermeable de la empleada para construir estanques. Haga dos o tres orificios en la base para impedir que se acumule agua.

3ᵉʳ Paso: Desde abajo hacia arriba, ponga una capa de 20 cm de bolitas de arcilla, y luego una capa de tierra vegetal para jardinería. Llene la instalación hasta una altura desde la que la tortuga no pueda trepar para fugarse.

4° Paso: En cuanto a las plantas y la decoración, vea lo dicho para la instalación de jardín (página de la izquierda).

5° Paso: Como cubierta puede emplearse una plancha de plexiglás. La posición inclinada de los laterales hará que drene bien el agua de la lluvia pero que pueda entrar el sol. Asegure la cubierta con un pasador para que no se pueda abrir accidentalmente.

Cuestiones acerca de su mantenimiento

? **Tenemos una tortuga y nos gustaría tener otro animal doméstico. ¿Cuál sería el más adecuado?**

La tortuga no deberá estar al alcance de perros, gatos, conejillos de Indias ni ratas. El perro, el gato y la rata son predadores naturales de las tortugas, especialmente de los ejemplares juveniles, mientras que los conejillos de Indias y los ratones les podrían roer el caparazón. Pueden acostumbrarse a convivir con una tortuga adulta si usted los controla siempre de cerca. No deje nunca a la tortuga con otros animales sin estar presente.

? **Mi tortuga se ha fugado de la instalación que tengo en el jardín. ¿Qué puedo hacer para encontrarla?**

Si la tortuga todavía está en el jardín, busque bajo las matas y matorrales así como en la cara interna de la valla. Pero si ésta tiene agujeros por los que haya podido escaparse, busque también por el perímetro externo. Lo más probable es que por la noche la tortuga intente regresar a su escondrijo habitual. Dado que las tortugas se orientan por la posición del sol y por los accidentes del terreno, no les cuesta mucho regresar a casa después de haber dado un paseo por los alrededores. Pero si luego no encuentra el agujero por el que se había escapado, es probable que pase la noche junto a la valla. Y allí es donde habrá que buscarla.

? **En verano tenemos a nuestra tortuga suelta por el jardín y le gusta mucho acercarse al estanque para beber. Si alguna vez se cae dentro, ¿sería capaz de nadar para ponerse a salvo?**

Las tortugas terrestres suelen ser muy malas nadadoras, por lo que creo que esta pregunta habría que responderla con un «no». La mejor forma de evitar que la tortuga pueda ahogarse es hacer que el estanque esté rodeado por una orilla muy ancha y poco profunda. La mayoría de los accidentes mortales suceden cuando la tortuga cae al agua y no puede salir a tierra porque el borde es demasiado alto.

Un perro bien educado aprenderá a mostrarse respetuoso con el nuevo miembro de la familia, al menos cuando haya alguien delante.

? ¿Qué tengo que hacer si mi tortuga cae al agua?

Las tortugas tienen pulmones sencillos. Como primeros auxilios, coloque la tortuga boca abajo y deje que vaya expulsando el agua mientras usted la agita con cuidado. De este modo a veces ha sido posible salvar animales que aparentemente estaban muertos. Después habrá que llevarla al veterinario. Si su estanque es de paredes verticales, en verano protéjalo con una pequeña valla de tela metálica.

? Nuestra *Testudo hermanni* se ha escondido en el jardín y no hay quién la encuentre. Dado que ya empieza a hacer frío, nos tememos que se haya enterrado para hibernar. ¿Puede sobrevivir un invierno al aire libre?

Lo más probable es que no le pase nada, pero para ello es necesario que esté perfectamente sana. Esta especie suele soportar las heladas sin ningún problema. Sin embargo, siga buscándola entre las raíces de árboles y arbustos, bajo los montones de leña y junto al montículo del compost. A principios del año siguiente, cuando empiece a hacer un poco de calor es probable que el animal aparezca y empiece a deambular por el jardín. Recoja a la tortuga y trasládela inmediatamente al terrario, ya que ésa es la época más peligrosa para ella y podría enfermar gravemente.

? He sacado a mi tortuga terrestre de la hibernación y la he colocado en el pequeño invernadero de la instalación del jardín a finales de abril. A pesar de que hace sol, se entierra y no come nada. ¿Puede estar enferma?

Tenga paciencia durante una semana. Ése es el tiempo que necesita la tortuga para conseguir pasar del lento metabolismo que tiene durante la hibernación a otro más rápido. Si pasado ese tiempo sigue sin tener ganas de tomar el sol ni de comer, deberá llevarla al veterinario.

? ¿Por qué mi tortuga siempre camina y trepa a lo largo de la pared?

Es probable que al animal no le satisfagan las condiciones ambientales. Compruebe que todo esté bien (ver pág. 14). Si acaba de trasladar la tortuga a ese terrario es normal que muestre ese comportamiento, pero al cabo de uno o dos días debería tranquilizarse.

MIS CONSEJOS PERSONALES

Hartmut Wilke

Circuito de fitness

Así conseguirá que su tortuga haga ejercicio y le dará la oportunidad de agudizar sus sentidos.

➤ En todas las acciones con su tortuga, tenga siempre en cuenta el biorritmo del animal. Estimúlela solamente durante sus propias horas de actividad.

➤ Un «túnel subterráneo» invita a explorar y constituye un escondrijo más.

➤ Un tubo de terracota inclinado invita a trepar hasta a la tortuga más comodona. Pero su superficie deberá ser lo más áspera posible para ofrecerle un buen agarre.

➤ Distribuya por el terrario flores silvestres, hojas y hortalizas, incluso en lugares a los que haya que esforzarse un poco para llegar.

➤ ¿Qué hay más hermoso que un montículo de hojarasca? ¡Un escondrijo comestible! La hojarasca es rica en fibra y generalmente constituye un alimento más equilibrado y correcto que una ensalada de frutas.

SED DE AGUA

A pesar de su aspecto «acorazado» y de que viven en lugares secos o áridos, las tortugas terrestres siempre necesitan disponer de **agua fresca** para beber y para bañarse.

Las tortugas de las regiones áridas han desarrollado **estrategias especiales** para cubrir sus necesidades de agua.

Una garantía de bienestar para su tortuga

RASCAR CON TERNURA

Si su tortuga no sólo le come de la mano, sino que también se deja **rascar bajo la barbilla**, será señal de que se ha ganado su confianza. Una relación relajada simplificará mucho los cuidados tales como un eventual recorte de uñas.

UNIFORMIDAD

La tortuga se siente relajada y segura cuando está en un entorno que conoce. En la naturaleza su **entorno** también suele permanecer **invariable**. por lo tanto, no es recomendable variar con frecuencia la decoración del terrario.

«BARRIGA CALIENTE»

Para controlar su termorregulación, las tortugas necesitan un **lugar caliente** expuesto al sol y en el que se puedan calentar por debajo así como un lugar fresco en el que puedan enfriarse, ya que estos animales no sudan.

TERCER OJO

Las tortugas poseen bajo el cráneo los vestigios de un ojo atrofiado pero que aún es sensible a la luz: el **ojo pineal.** Interviene en la regulación de las hormonas y del biorritmo del animal. Se encarga de determinar el inicio de la hibernación así como de disminuir la actividad cuando hace mal tiempo.

CUESTIÓN DE NARICES

Su tortuga puede ver bien de lejos, pero para lo que está cerca se guía por el **olfato.** El olfato no sólo la guía hacia el alimento sino también hacia su pareja. Por favor, aparte de su tortuga todo aquello que desprenda olores intensos. Al animal le resultarían muy molestos.

Nuestros 10 consejos básicos

LLAMAR POR SU NOMBRE

Si una tortuga acude al oír un «gong», también puede conseguir que venga al oír su nombre. Probablemente no tardará en acudir **cuando la llame.** Y esto puede resultar muy útil si la tiene suelta por el jardín, especialmente cuando se trata de **encontrarla** para ponerla a invernar.

OBSERVACIONES EN LIBERTAD

No se trata tan sólo de conseguir el **bienestar** para su tortuga: la mejor manera de poder mantenerla correctamente es poder observar el comportamiento de esa especie en libertad y **en sus países de origen**. Así podrá darse cuenta de la temperatura que hay en los lugares en que vive, de cómo se protege, de lo que come, etc.

¿VITAMINAS?

Los excesos de vitaminas pueden resultar muy perjudiciales para su salud. Haga como en la naturaleza: proporciónele una **alimentación natural** y variada. Así no tendrá que pensar en vitaminas artificiales.

UNA LARGA VIDA

Su tortuga terrestre es el único animal doméstico que (según la especie) puede llegar a vivir **más de 100 años.** Por lo tanto, invierta en una **instalación** sólida y amplia. A su animal le sentará muy bien y a la larga le saldrá más barato que ir improvisando constantemente.

59

Índice alfabético

Los números de página expresados en **negrita** corresponden a las ilustraciones.

El autor

El doctor Hartmut Wilke es biólogo, y su labor como director del Exotarium del zoo de Frankfurt y del zoo de Darmstadt le ha permitido acumular una gran experiencia en el cuidado de las tortugas. Desde siempre se dedica a aconsejar a todos aquellos aficionados que se dirigen a él para consultarle sobre tortugas terrestres. En esta guía procurará contestar a muchas de las preguntas que le han planteado a lo largo de los años.

La fotógrafa

Todas las fotografías han sido realizadas por Christine Steimer, a excepción de las siguientes: Juniors/Anders: páginas 11 izquierda, centro, derecha, 12 izquierda, centro, 13 centro derecha; Reinhard: página 13 izquierda.

Christine Steimer trabaja como fotógrafo independiente y se ha especializado en animales domésticos. Trabaja para editoriales internacionales, revistas especializadas y agencias de publicidad.

A NUESTROS LECTORES

➤ Los aparatos para uso en terrario que se describen en este libro deberán contar con la homologación correspondiente.

➤ Tenga en cuenta que manipular aparatos eléctricos puede resultar peligroso, especialmente en combinación con el agua.

➤ Es aconsejable instalar un fusible de seguridad o un diferencial.

Mi tortuga terrestre

➤ **Nombre:** _____

➤ **Tienda donde la adquirí:** _____

Así le doy de comer:

➤ _____
_____
_____

Ocupaciones favoritas:

_____
_____
_____

Así le gusta que la cuiden:

➤ _____
_____
_____

Éstas son sus pertenencias:

➤ _____
_____
_____

Particularidades:

_____
_____
_____

Éste es su veterinario:

➤ _____
_____
_____

Título de la edición original: **Land schildkröten**

Es propiedad, 2002
© **Gräfe und Unzer Verlag GmbH,** Múnich

© de la edición en castellano, 2010:
Editorial Hispano Europea, S. A.
Primer de Maig, 21 - Pol. Ind. Gran Via Sud
08908 L'Hospitalet - Barcelona, España.
E-mail: hispanoeuropea@hispanoeuropea.com

© de la traducción: **Enrique Dauner**

Depósito Legal: B. 43478-2010

ISBN: 978-84-255-1671-9

Segunda edición

Consulte nuestra web:
www.hispanoeuropea.com

IMPRESO EN ESPAÑA   PRINTED IN SPAIN
LIMPERGRAF, S. L. - Mogoda, 29-31 (Pol. Ind. Can Salvatella) - 08210 Barberà del Vallès